비전향장기수의
염 원

양희철 지음

도서출판 **비움과 채움**

국립중앙도서관 출판예정도서목록(CIP)

(비전향장기수의) 염원 / 지은이: 양희철. -- 서울 : 비움과 채움, 2017
  p. ; cm

한자표제: 念願
ISBN 978-89-93104-40-0 03810 : ₩10000

한국 현대시[韓國現代詩]

811.7-KDC6
895.715-DDC23   CIP2017009288

머리말
- 헌재의 박근혜 탄핵 선고를 보며

양희철

엄청 큰일을 해냈다. 동포가, 겨레가.
나라에 변혁을 몰고 올 촛불 시민들이.
흐름의 단절, 영속성의 중단은 새로운 출발
여기에 함께 했다는 자부심
대하의 흐름 저 끝에서 일었다 스러지는 포말일지
라도 역사에 추동하는 편에 섞였다는,
관조자로서가 아니라 현역으로 뛰고 싶다. 한데도
마음의 작용과 반작용은 자숙의 고요를 원한다. 고
요일 수 밖에 없다는 걸 확인하면서.

바람이 있다.
지역과 이념, 제도와 문화가 다름을 인정하자. 용
서하는 마음으로 융화하고 조국통일을 이룩하자.
우리 민족은 생산에서 세계의 으뜸, 통일을 생산하
자. 통일 안에 인권도, 평등도, 분배의 민주화도
있음이라.
시의 형식을 빌어 그간의 넋두리를 묶어냈다. 감정
의 고저도, 예의도 없음을 고백한다.
나이 탓이려니 여기시고 봐주었으면 한다.

- 벼 리 -

1. 석방 이후와 꽃편지 ················· 9
2. 새해의 다짐 ················· 14
3. 아침의 향연 ················· 15
4. 아침 풍경 ················· 16
5. 근린공원의 풍경 ················· 17
6. 봄맞이 ················· 18
7. 새들의 합창 ················· 19
8. 장꿩의 소리 들으며 ················· 20
9. 반바지 반소매가 ················· 21
10. 오르며 내리며 ················· 22
11. 산이 좋아 ················· 23
12. 산이 좋아서 ················· 24
13. 산을 배우며 ················· 25
14. 산나리 ················· 27
15. 예쁜 어린 싹, 눈아(嫩芽) ················· 28
16. 봄이 아쉬움을 남기고 ················· 29
17. 행복 ················· 30
18. 꽃 피는 아침 ················· 31
19. 산색 떨리는 야호! ················· 32
20. 산행 ················· 33
21. 운해(雲海) ················· 35
22. 유명산 ················· 36
23. 대봉산 산행 ················· 37

- 벼 리 -

24. 산오름 쉼터에서 ………………… 38
25. 정밀(靜謐) ……………………… 40
26. 친구 ……………………………… 41
27. 호연지기(浩然之氣) …………… 42
28. 서애시(恕愛施) ………………… 43
29. 늦깎기로서니 …………………… 44
30. 뒤늦게사 ………………………… 45
31. 늦었다말고 ……………………… 46
32. 산단풍 …………………………… 47
33. 곱게 가꿀 일임을 ……………… 48
34. 지는 꽃 …………………………… 49
35. 장미 ……………………………… 51
36. 변하는 계절 앞에서 …………… 52
37. 이우는 계절 ……………………… 53
38. 다독여 일깨운다 ………………… 54
39. 공원의 아침풍경 ………………… 56
40. 아침 동산 ………………………… 57
41. 조금달 보며 ……………………… 59
42. 일상(日常) ……………………… 60
43. 뗄 수 없느 일상 ………………… 61
44. 산이 되자 ………………………… 62
45. 가을아! …………………………… 63
46. 가을 밤 …………………………… 64

- 벼 리 -

47. 비에 젖어 내리는 잎새	……	65
48. 국화향	……	66
49. 밟히는 낙엽	……	67
50. 부활	……	68
51. 풍경	……	69
52. 풍경 2	……	70
53. 먼동이 틀 무렵	……	71
54. 낙조	……	72
55. 꽃삽	……	73
56. 만추(晩秋)	……	74
57. 들보다야 산인 것을	……	75
58. 입동의 날에	……	77
59. 트인 능선에서	……	78
60. 월동미준(越冬未準)	……	80
61. 에이는 겨울 새벽	……	81
62. 겨울바다 사람아!	……	82
63. 시끌벅적	……	83
64. 인생 2	……	84
65. 막역하기로서니	……	86
66. 세상 이치	……	87
67. 마음을 달래며	……	88
68. 매창과 허균	……	89
69. 지는 달	……	90

- 벼 리 -

70. 해조음 ………………………… 91
71. 고분 하나 ……………………… 92
72. 돋는 해 ………………………… 93
73. 자연(自然)이듯 ………………… 94
74. 산길 ……………………………… 95
75. 사랑하세요 ……………………… 96
76. 추억(追憶) ……………………… 97
77. 벗 있음에 ……………………… 98
78. 애잔 ……………………………… 100
79. 젊게 삽시다 …………………… 101
80. 변덕을 즐기는 뻐꾸기 ……… 102
81. 형편이 어떠시길레 ………… 103
82. 공덕 ……………………………… 104
83. 망중한(忙中閑) ………………… 105
84. 역군(役軍) ……………………… 106
85. 애오증(哀惡憎) ………………… 107
86. 사무친 그리움 ………………… 108
87. 사모곡(思母曲) ………………… 109
88. 심안(心眼) ……………………… 111
89. 환희로 츔마하리라 ………… 112
90. 귀가길 놀이터 ………………… 113
91. 지담(志潭)의 여덟번째 생일 … 114
92. 딸을 보며 ……………………… 115

- 벼 리 -

93. 지담(志潭)의 생일 ……………………… 116
94. 지담(志潭)을 보면 ……………………… 118
95. 기말고사 앞둔 딸에게 ……………… 119
96. 갈등 …………………………………………… 121
97. 고향(故鄕)으로 마음은 가 ……………… 122
98. 고향의 새는 가을 ……………………… 123
99. 그리던 옛집 ……………………………… 124
100. 기억력 회복 ……………………………… 126
101. 선영(先塋) 찾아 뵙고 ………………… 127
102. 그리던 고향이건만 …………………… 128
103. 낙엽귀근(落葉歸根) …………………… 129
104. 도라산역 기행에 앞서 ……………… 130
105. 전북민주동우회 25돌을 경하하며 ……… 133
106. 촛불로 찾아 낼 민주주의 …………… 136
107. 옥사한 친구 강석중 동지 …………… 141
108. 세월을 씹으며 전사의 힘 다하며 ……… 142
109. 늘샘에게 ………………………………… 144
110. 조국 ……………………………………… 146
111. 21세기의 사상 ………………………… 147

석방 이후와 꽃편지

 처지에 따라 의식은 바뀐다. 며칠 전까진 난 수인(囚人)이었다. 수인이란 일정한 장소 특정한 사람들에 의해 가둠 당하고 제약과 금지 제지와 지시 명령에 따라 생각하고 행동해야 할 사람이다. 그 전형이 교도소에 수감된 일명 전중(田中)이다. 곧 죄수다. 지금 나는 정신과 몸 어느 쪽도 내 것이 아니다. 폭격을 당하고 뒤흔들림 당하다 내던져져 찢겨지고 망가져버린 황폐, 그 자체다. 흐트러진 파편들을 주어 모으는 데 얼마만한 정력과 시간이 소요될지 그것마저 모른다. 정신이 모아지다가도 금세 흐트러진다.
 지하철을 탔다. 갈아타야 한다기에 동대문에서 내렸다. 계단을 오르고 보니 4호선의 화살표가 방향을 지시한다. 대충 60m 거리를 걸어 오르며 내렸다. 계단을. 웬걸! 타고 왔던 같은 방향의 차가 아닌가. 아차! 실수.
 차표를 꽂고 그냥 두고 오질 않나, 한 구간 표로 두 구산을 가질 않나. 가로봉이 왜 밀리지 않느냐고 물었다. 돈을 더 내란다. 어찌 차 타고 내리는 것에서뿐이랴. 시행착오가 있다지만 너무 심하다. 허둥대고

당황케 하는 것은 방향감각이다. 몇 걸음 걷다 건너편 보고 뒤돌아보며 어깨 몇 번 부딪히다보면 현재 위치를 가늠할 수 없다. 미아가 되고 만다. 서대문과 동대문 방향을 바꿔놓는다. 지남침 격인 남산탑이 있는데도 감각기관의 혼란은 정돈을 모른다.

갑작스레 넓어진 행동반경, 선택없이 부딪혀야 하는 사람과 사람들, 먹는 음식과 입는 옷의 바뀜. 과제도 없는 채 엮어내야 하는 24시간. 여기 리듬이 바뀌고 의식의 착종이 있다. 한 마디로 엉망이다. 이러구러 한 달여를 지났다.

귀소본능? 햇수로 37년. 가둠 당했던 교도소. 어쩌지 못하고 그 교도소가 생각 키우고 마음에 다가온다. 좋아설까? 그리워설까? 긴장과 불안 공포와 한이 서려있는 곳. 그곳에 마음을 두고 있다니. 불안을 안겨준 이 사회가, 무질서를 강요하는 이 환경이, 교도소를 찾게 했나 싶다. 젊음을 영치시키고 내일을 저당잡힌 채 제복 속에 몸뚱이 감추고 연명해온 규격화, 도식화된 삶의 터전 교도소. 교도소에 무슨 미련이 있고 애정이 있을까만 그 교도소에 마음이 간다. 길들여진 습성, 반복의 행정(行程)이 성격과 관습마저 바꾸어 놨나 싶다. 그럴까? 어찌 그것뿐이랴. 진하고 마음 아프게 하며 사랑하지 않을 수 없는 사람들이 있다. 그들에게로 향한 미안하고 죄스런 마음이 나를 그곳으로 이끄나보다.

부모형제의 정인들, 그들과 나 우리의 사귐에서 우러나는 사랑, 우정만큼이나 할까. 스치며 바라보는 눈빛에서 모든 것을 주고받는다. 천 마디 말인 듯 눈빛에 교환되는 믿음만큼이나 할까. 핏빛 번호판에 왼가슴 숫자만 봐도 가슴 설레이게 하는 동지의식. 이들 동지들이 지금 교도소에 있다.

교도소는 사회의 연장이요 축소판이다. 생존경쟁이 있고 민주화의 투쟁이 있다. 그 주도세력이 양심수다. 이들의 피나는 투쟁으로 의식의 세계만은 안팎을 하나로 묶었다. 그들이 그립고 보고 싶다. 그들을 왜 가두어두는지 모르겠다. 준법서약서 때문이라고? 가당이나 찬 말인가. 학교로, 공장으로, 논밭으로, 사무실로 그들을 돌려보내야 한다.

요 며칠 사이 좁은 여유로움이 생긴다. 좁혀오는 거리감과 주위를 살필 수 있는 시계(視界)의 확장일까. 열려진 창 너머로 흐트러지게 핀 목련, 개나리, 진달래를 눈으로 담아낼 수 있어서일까. 어린애듯 감싸주는 선배동지들의 사랑이 배어들어서일까. 언짢고 안좋은 것은 묻어두고 좋은 것만 찾아 가지라는 내 누이의 말이 있어서일까. 하여튼 낙관적으로 살려는 나의 주관이 살아나나 싶다. 바람직함인 듯하다.

이렇게나마 나로 하여금 이런 자리에 설 수 있도록 배려해주신 우리 선생님들, 인권단체들, 천주교와 불교, 기독교 등 사랑주신 분들께 감사한다. 이 새 봄,

솟구치는 여러 생명과 더불어 새로 살아난 나의 생명을 함께 키워보련다. 어떻게 키워낼지는 과제로 둔 채,

꽃 편 지

창 밖 꽃을 보면서 편지 쓴다는
여유로움
장만하고자 애쓴 것도 아닌데
찌들었던 마음 밀쳐내고 찾아든
살폿한 봄내음

생강차 향 코끝에 서릴 제
흐드러지게 꽃잎 연
목련 개나리 진달래
여기 뉘 짐작이나 했으랴
잉태의 고통 모르고 점지된 생명
이 생명 맞는 엄숙한 법열의 기쁨을
이렇게 봄은
혼자여도 좋을 외로움 밀쳐내고
꽃진 자리 열매 열려 영글게 하듯
부끄러움 심어 길러낸 겸양으로
궁리할 줄 아는 예의 알게 하네.

그래! 역시 그런 건가
속으로 다져온 부정, 이 부정 있어
꽃편지 접어 띄우네
꽃 편 지

1999년 4월 1일.

새해의 다짐

새해부터 가꾸자 했다
지금까지 못했던 것

어떻게 뿌리고 심을까
게으름을 걸음으로
늙는 것을 추접으로 담지 않는
바꾸는 일부터 해야한다고
사실을 말하고 싶다
이젠 말할 수 있다
이렇게 다구치지만
몸이 손이 말을 안듣는다
어눌하고 억죄여서
그래도 시작이 반이라
미비한 준비 가물가물하지만
괭이로 파고 호미로 심으라
늙음을 탓하지 말고
세태를 욕 뵈지 말고
시퍼렇게 살아라
꿈틀이며 움직여라.

아침의 향연

매미소리 바탕에 깔고
꾀꼬리 사촌 뚜엣으로 노래하고
베이스 낮은 음 뻐꾸기의 능처진 가락
타악기인 양 깍깍 까치의 깝죽거림
참새는 쩍쩍 종종걸음으로 거들고
높다랗게 철주에 앉아 두견이 우욱이는데
이때다 싶었는가 꾀꼬리 한 가락 뽑네.

아침 풍경

목련 개나리 피었던 곳
새하얀 아기위 눈부시게 피고
설토화 연두빛 봉오리 잠 깨는가
절간 처마 풍경소리
박새 작은 나래 끝에 울리고
아침은 밝아라 계절은 입하.

비라도 내리려나
뽀얀 안개 산 아래로 내리고
미류나무 까치 한 쌍 깃 고르는가
관악산 중허리에 이는 바람
이내 스쳐 시원스레 젖어라
아침은 밝아라 흐드러진 철쭉.

근린공원의 풍경

하늘이 낮인데도 어두워지는 것은
바람이 구름을 몰고 오는 탓
동녘에서 서쪽으로 바람은 연실 불어
회색구름은 바쁘다
밀쳐 싸이고 또 밀려오고
거듭 세겹 네겹으로 두껍게 포개진다
이럴 땐 하늘이 졌다
휩싸인 검은 구름 하늘은 보이지 않고
비가 뚝뚝 방울져 내린다
바람과 함께 비는 땅을 쓸어간다
도랑을 만들고 모래흙을 안고 흐른다
잠간 요란스럽던 하늘과 바람과 비와 땅
하늘이 이겼다 햇볕이 밝다
매미가 선율로 숲을 채우고
푸르름은 넉넉하게 너울인다
바람도 산들인다.

봄맞이

적막이 흐르고 고요가 잠기듯한
국사봉 근린공원
만발한 개나리 진달래
흐드러지게 핀 벚꽃
순백의 백목련화
갓 돋아 빼올린 노란 붓꽃
조팝나무 질세라 흰 꽃투리
때죽나무 순 한 번에 솟았고
찔레순 빼올려 눈길 시원해라
두런두런 소곤소곤 소리에 향내
코를 귀를 달래듯 충동인다
꽃봉오리 터지는 소리
새움 돋는 속삭임
온통 고요속에 적막 속에서
반란을 음모함인가
봄을 팔아 여름 사려는가
소곤소곤 두런두런
꽃내음이 코를 간지럽힌다.

새들의 합창

새들의 향연 한창이다
휘파람새 높이 날았다가 내리며
가늘고 긴 맑고 높은 한 소리
박새 암수 부르고 응대하는
콩새 노래하며 꼬리 긴 물까치 재촉이고
까치는 질세라 모둠발질에 깍깍
때깔 곱고 화려한 산까치 꿔-액 꿔액
골짝을 울리는 수꿩
높은 가지에 앉아 앞가슴 불룩이며
애절히 우는 뻐꾸기
참새 굴뚝새 덤불에서 노래하고
새들은 알을 품으려 할 때
아름다운 소리로 서로를 부른다
공원 동산 가득 피어나는 봄과 함께
보금자리에 새 생명 길러내리
어우러지는 화음에 쌓여
겹벚꽃 한창 피었고
수수꽃다리 향내 물씬 풍기는
근린공원에서 새들의 합창을 듣는다.

장끼의 소리 들으며

어둠이 가시기 전
채 먼동이 트기 전
부수수 햇순 돋는 소리
진달래 꽃망울 터트리는 소리
고요로운 사위 적막을 부수는 소리
숲을 울리고 잠자던 산새들까지 깨우는
찌렁찌렁 울리는 장끼의 한 소리
이내 딱따구리 고목을 뚫는 반복의 연음
뻐꾸기 촉새가 이어 울어 옌다
찔레 새순 초록으로 물들고
산과 마음을 흔들 듯
장끼은 또 쿵쿵
이렇게 산하는 아침을 맞는다
새소리 꽃피는 소리 마음을 여는 소리 들으며
스스로 우는 장끼의 소리 들으며
산하의 아침을 맞는다.

반바지 반소매가

시절은 봄 아직 4월
급하기도 하지 반바지에 반소매
산책길을 좁아라 하고 걷는다

흐드러지게 철쭉은 붉어있고
산딸기 라일락은 산자락을 희게 덥고
잇꽃 찔레가 봉오리 아직 키우는 중일까
배꽃 능금꽃이 한창인데
보리밭 녹색이랑 바람에 나부끼고
종달새 높이 날아 짝을 찾는 노래소리
매화꽃 진 자리 매실 키우고
반바지 반소매 젊은이들 싱그러워
푸르름은 더 푸르르고
피는 꽃 더 아름다워
입성에 어울리는 4월의 봄
이렇게 봄은 익어가는데….

오르며 내리며

신새벽 동산에 오르면
시원한 바람 산들이고
꾀꼬리 뱁새 콩새가 노래하며 반긴다

산딸나무 하늘을 바라고 하얗게 피고
때죽꽃 흰빛으로 바닥보며 피었다
태양을 키우고
지심을 솟구치며
어우러짐의 미학 화합의 한마당
이렇게
새를, 꽃을, 푸르른 잎새를,
마음에 담고 찔레꽃 보며
멀어져 가는 산그늘 환한 길을
사뿐히 조용히 내린다
오던 길 되짚어 내린다.

산이 좋아

산이 좋아 산오름 하면
반기는 새소리 흐르는 바람소리
바람 불면 어긋짱 없이
바람 가는 쪽으로 같이 눕고
센 바람 거세게 몰아치면
자자들 때까지 몸을 맡긴다
이게 인생이라며

고요로운 정적이 산에 차면
잎새는 더욱 푸르게 하고
산새 보금자리에서 낳고 쉬게 한다
휘젖고 날으며 노래하는
칼새 휘파람새는 나그네 새일까
쑥국새에 뻐꾸기 지척에서 울어라
꾀꼬리에 콩새들도 합창에 대창(對唱)
온통 숲은 어우러지는 안녕의 터
소화롭고 화합하는 평화의 자리
그래서 오늘도 산을 탄다
산을 오르내린다.

산이 좋아서

호흡을 고르고
올려다 보는 산뿌리에 서면
어서 오르라 어서 와 안기라
재촉한다 풋풋한 산색으로
뛰란다 향긋한 내음으로

산에 오르면
하단전에 고인 묵은 냄새도
허파에 엉켜진 찌꺼기도
살갗에 묻은 더러움도
머리 속 덜 풀린 미움도
풀려 달아난다 편안으로 자리한다
날선 성깔 서슬 푸른 욕심도
산은 풀어주고 다스린다
산은 일깨우고 부추긴다

더 푸르고 더 높은 하늘
얇게 물들어가는 노을
서운함을 딛고 내리는 발걸음걸음.

산을 배우며

언제나처럼 걷는다 오른다
동동이지는 않지만 걸음은 왜 바빠질까
버릇처럼 옆도 보고 뒤도 흘긋거리며
내쳐 걷는다 오르며 내린다
때론 재촉하는 걸음이 되고

산행망좌(山行忘坐) 좌망행(坐忘行)이라 했던가
그랬나봐 쉴 줄도 모르는 채
머뭇거릴지라도 주저앉진 말아야지
어찌 생각마저 없을까만
쉬면 가는 걸 잊을까 봐

산을 타고 루항(陋巷)을 훑으면서도
둔하디 둔한 머리 세상물정 몰라라
걷노라니 이제사 조끔 알 것 같은
잔설(殘雪) 햇볕 받고 녹는 소리
히늘이는 꽃향내 품기는 소리
신록에 쌓여 열매 크는 소리
볕에 쏘인 밤송이 아람버는 소리

고요로움을 깔고 머리 속 뉘우침 소리
혈맥의 소리
그리고 새소리 물소리 솔바람 소리
미연한 능선 넘어 봉우리 치올려 우러르면
산은 말한다 어서 오라고 와서 안기라고
그래서 산을 배우며 그리는 것을.

산나리

햇볕이 너를 핥아 발랄한가
보슬비 촉촉이 영롱한 구슬 얹고
뉘를 마중하려 이리 고운 자태

치열어 하늘을 바라고
붉은 속살 내밀한 부끄러움
돌발인가 암술의 도도함아
하늘이는 수술로 은혜로움 있어
역사의 영속 변증법으로 푸네.

풀숲이 외로우랴
흰구름 띄운 중천의 청자빛 한낮
뻐국이 울어 예고
한 두 점 이어 부는 솔바람
잎뿌리 겨드랑이 까만 진주 알알로
오르내리는 이 눈길 당기며
음양 깨우치고 삶을 일깨운다
자연을 인생을
산에 핀 산나리

예쁜 어린 싹, 눈아(嫩芽)

장미의 눈아 이미 잎으로 푸르르고
땅 헤집고 솟는 산나리의 눈아
양지바른 담 밑 작약의 볼그레한 눈아
삽질 헤집다 산마가 잠깼나
맑은 대 투명한 눈아
수수꼬타리 둥걸 뚫고 뾰족히 내민 눈아
홍자색 무수히 매단 단풍나무의 눈아
씨가 불어나
배시시 눈 뜰 때 그 포동통한
구근에서 빼올린 눈아 탐스럽고 예뻐
이 모두 태양을 바라고
싹 티워 솟는 양광의 이 봄날
휘황해라 밝음 휘날리며
매화도 목련도 진자리
연두색 눈아가 배시시 잎을 연다
어리고 여린 새싹 예쁘다 곱다
이제 푸르름이 너희 것이니.

봄이 아쉬움을 남기고

계단 딛고 오르내리기 몇 해
때 없이 철없이 피는 꽃들을 본다.
산수유 매화 목련이 개나리 데리고 피고
살구꽃 이내 이어 복사꽃 배꽃도 피겠고
수수꽃타리 짙은 향내 담을 넘어라
철쭉도 피려나 봉곳봉곳
백양나무 연두색 느정이 밑으로 깔리고
수양버들 푸르름이 바람을 탄다.

꽃이 진다
매화도 목련도 지고
벚꽃의 화사함도 한잎 두잎 내린다
꽃진 옆에 잎이 돋고
하얀 조팝나무꽃 흐드러지네
너도 지겠지 봄도 가겠지.

행복

더위에 그늘 찾아 발쉼하며
청산 청류수 엎드려 한 모금 마시고 하늘 보고
흰 구름 한 가닥 끝에 백로가 날으고
참 많이도 걸어왔다, 80생애
고단을 딛고 좋아라 좋아라 했다.

찾아뵐 어른이 계시고
해야 할 일이 있다는 것
식탁 마주하며 담소 나눌 식구가
가끔씩 전화로도 풍문으로도
들어 알고 물어 전하는 친지 친구가
이루어내야 할, 통일을 해야 할 조국이 있고
마저 싸워 찾아야 할 민주 평등 평화가 있고
몸으로 마음으로 함께 한다는 것
어둠이 내리면 명상에 궁리를 해야 할
이 아침에도 상쾌를 찾아 능선을 탔고
풀끝에 맺친 영롱한 이슬을 봤다.

꽃 피는 아침

금세라도 터질 듯
손 끝 닿기만 해도
피워 활짝 속내를 드러낼 것 같은
그 속살, 선홍의 암술 밑에 감춰진
꿀맛 흥건한 비밀스런 꽃방
꽃방에 손님으로 초대받을 것 같은
해돋이 아침햇살
햇살과 함께 한 지금

아침이슬이 있었기에
꽃봉오리를 열게 했나 보다
산들이는 바람이 있었기에
달콤한 향내 품겼나 보다
햇살의 어루만짐이 있었기에
화사한 꽃잎 수줍게 피워냈나 보다.

오! 피워내는 새봄날
꽃피는 아침

산색 떨리는 야호!

찌든 몸 털털 털고
산 잡으러 나가는 발걸음 가볍지
차림이사 걸망에 짚신에 남루는 아닐 터
근심 부려놓고 미움도 씻어놓고
가볍게 차려입은 날렵한 차림
한 걸음에 치닫는 거지.
부려놓고 벗어논 자리 채울 것 있지
푸르른 산색을 담고
솔바람 풀잎 내음을 얹어
새소리 물소리로 채우지
진보라 엉겅퀴꽃 위 호랑나비 하나
다람쥐 발 비비는 모습 또 하나

산 위에 올라 야호!
툭 트인 터에 걸터앉으면
더 높아 보이는 요 하늘
더 오르고 싶은 요 마음
히야 호야! 메아리도 서려 담고
호야 히야! 구름그늘 머리에 이고.

산행

바람없이 구름만 한가롭다
그친 비 맺힌 방울 영롱해라
등받이 타고 내린 땀
폭신이 밟히는 촉촉한 산길
걸음은 가볍다.

고요로움 산 속의 적막
찾아오른 등산로 곁길에다
잡다한 일상도 고단함도
푼다 버린다.

햇볕 몇 점 가지 사이로 내리고
골자기 청아히 내리는 물소리
솔가지 흔들며 부는 솔바람

그대에게 묻노니
왜 산에 깃드냐
빙그레, 대답하랴

삿된 마음 꾸겨진 심사
씻으며 닦으며
산을 내린다.

운해(雲海)

운심부지처(雲深不知處)
자욱한 산 아래
분간이 어렵다.
미처 트이지 않은 동녘
회백색 장막 너울이며
산허리 지우며 오르는가

듬성듬성 떠있는 봉우리
짙게 깊게 드리운 안개구름
한 가닥 바람 일면
조화로운 산하(山河)
오! 볼만한 세상될까
별유천지비인간(別有天地非人間)

유명산

일상 떨치고 미안 포개고
쉰내음 도시에 맡겨라
겹겹이 찌든 몸과 맘
모르랴만 알거들랑
벗어라 씻을란다
솔바람 휘어부는 청량계곡에서
짐 풀듯
시름도 괴로움도
씻어라 풀어라

폭포 솟구친 물
구슬인 듯 이어 구른다
물이사 맑은 것 뻐국이 뻐국!
방울져 내린 옥수 섬으로 퍼담아
야들이는 냇가 풀숲에 얹어
고단한 이 앞에 뿌릴란다

물아! 풀아!
울울창창 푸르름아!

대봉산 산행

오르고 또 톺아올라
툭 터인 능선에서
호흡 한 번 길게 하고
마저 올라야할 봉우리 바라보며
발에 힘을 주어라
멜방을 추수려라
"정상을 치보며 다시 출발"
이렇게 쉬며 가며 인생의 역정 새겨라
계곡의 청아한 물소리
스쳐부는 솔바람에 귀도 씻고
폐부에 남은 찌들은 찌꺼기도 버려라
오르느라 힘들었지 서로 다독이고
함께 하는 산행 같이 하는 인생
보람으로 새겨 넣어야 할 역정
하루의 노정 아름답다 하게시리
새롭게 챙겼을까
이승저승에서 써야 할 여력을,
아니지
다 비우라 한다.

산오름 쉼터에서

푸르른 산그늘
언듯언듯 햇볕 꽂히는 나무 사이로
억겁으로 눌러 정좌한 바위
안돌이 지돌이로 돌고 돌아
가시에 긁히고 덩쿨에 얽히며
골짜기 음습을 지나
산허리 발쉼녘
짙게 드리운 산색
솟은 땀 젖은 등받이
휘어부는 살랑바람
얼굴에 맞으며
더러는 자리잡고
더러는 나무등걸에 기대선 채
숨고르는 사람아 사람아!

숲 사이로 뚫려보이는 등정
아득하다 험하다 해서
앉은 자리에 주저앉을
되짚어 내려가자고 할

힘 부치니 이쯤에서 멈추자 할
중도하산할 이 있을라구

비록,
앞 길 가리고 험하다 한들
갈 길 가늠 못할까

저 등성 올라 딛고
함께 동무하며 마저 가야 할
예쁘고 귀한 사람사람들
멜빵 조여매고, 벌써
걸음 내딛고 오르고 있다.

우리의 삶이여 등산이여!
우리의 인생이여!

정밀(靜謐)

바람이 쉬나 부다
나무가지가 고요를 즐기고 있는 듯
일찍 핀 코스모스 미동도 없이 곧추 섰고
공터에 잠자리마저 없었더라면
세상이 정지했나 했을

때론 번잡 떨치고 정밀(靜謐)에 쌓여
내면의 자신을 뒤돌아보는
머리에 포개서 침전된 찌꺼기도 버리고
섭섭이 대접했던 후회스러움 달래며
때 묻은 자리 깨끗이 쓸고 닦고
고요로움과 안정 가득 담아
함께 정밀에 놓여졌으면

아직도 미풍마저 불지 않네
정지된 사색 사유도 고요롭고
이대로 지구가 멈춘대도
편안을 담보해 줄 이 정밀.

친구

돋는 해
피는 새순
태어난 애기

석양의 노을
지는 낙엽
백발 노인

그런 것이기에
스스로 그러한 것
고신간난이 있고 희로애락이 있는 것

서녘 노을에
지는 낙엽 밟고
볼그레 얼굴 물들이며
서있는 노인과 아장이는 아이
돈 빌려주고 받으며
화 - ㄴ한 웃음
오고 가는 세월에 하나됨이여!

호연지기(浩然之氣)

산 위에서 내려다보는
저 밑 거리와 동네
좀 더 뒤쪽으로 사연 담아 흐르는 흰 강
왜 다툴까
욕심이 많아서
많이 먹으려다 호기 잃고 허겁지겁
멋도 맛도 모르는 채
버려야 할 것이 한 두 가지 뿐이랴만
식욕 색욕은 본능에 가까운 거라지만
마음과 몸 다듬어 자제할지니
순수 찾아 가슴 활짝 열고
부는 바람에 얼굴 내맡겨라.
욕심 비운 자리 안정이 채워지고
일별한 산하(山下) 곱게 보이거들랑
길러라, 우리 함께 가자
정진하라, 앞장서라 통일의 한 길로.

서애시(恕愛施)

마음 함께 하니
넓어라 깊어라 헤아리는 생각이
주고 받는 마음 길 고아라
너그러움으로 아끼고 다독여라
믿음이 쌓이고 솔솔이 품겨나는 인정이 인다.

밤하늘 별도 헤아리는 맘 곱고
아끼고 싶은 내 안의 당신
사무치게 그리움 피워냅니다.

드리리 그대 위해서
마음도 몸도 부리고 다그쳐
그대의 기대와 희망 이루어지는
모든 것 바라는 것
꽃피울 때까지 드리리다
우리의 사랑을 위해
스스로 너그럽고
스스로 용서하는
모두를 위해 드리리다.

늦깎기로서니

서툴다 하는 것마다
무엇 하나 제대로 한 것 아직 없다
더불어 한대도 도움받아 한대도.

어릴 적, 소년, 청년, 감안해 봐준다해도
장년 들어서 캄캄했고 노년에 함직한 짓도
무엇 하나 이룬 것 아직 없다.

미련하다 하는 짓마다
있는 머리 쓸 일이지만
남의 머리 꿔다 쓴다는데
아둔해서 가락을 잡지 못해설까
먼저 닦아논 길따라 하면 될 텐데
내 것이 아니라고, 존심은 있는 건지
늙어 종착역에 닿기까지
헤매다 지쳤겠지.

늦깎이에 힘 불어넣고
다시 출발!

뒤늦게사

만시지탄, 옳거니
이미 과거로 종지부를
하는 일마다 꼬이고 처지며 상처를 내네
왜 그럴까
순탄이 비껴가고 난관이 겹겹
생각은 있어도 행동이 멈춘다
속으로만 몇 번이고 뒤집고 세웠을 뿐

어렸을 땐 몰라서
젊었을 땐 감옥살이
나이 들어 철 들었건만
아는 게 없는데다 지각도 어눌하고
눈치 코치마저 닿질 않아

생각 더디고 행동 굼떠 능력 뒤쳐지고
이제사 알았다
알맞은 일 없을까 궁리해 보지만
또 후회만 더하지 않을까.

늦었다말고

달래거라, 끝까지 함께 하는 거다
부리거라, 손과 발과 머리 안쓰면 녹슨다
피곤을 덜어내고
긴장을 풀어라
식전에 생수 마시기
음주는 취하지 않게 담배는 끊는 것
즐겁게 경쾌하게
노랫가락 읊조리며
불평은 짧게 칭찬은 다양하게
흐르는 물같이 살랑이는 바람같이
일을 놀이같이 하루를 엮다보면
가난이 있다 해도 마음은 넉넉하고
어눌하다 말고 늦었다 말고
내일을 맞는 거다
다하는 날까지.

산단풍

곱단 말 볼그레
속삭임 주고 받음
온통 붉어라 몸도 맘도

뉜들 저무는 가을 아쉬움 없으랴
더욱이 황혼녘 잔광이랴
휘적휘적 걷는 발길
밟히는 낙엽.

어깨 스쳐 비친 빛깔
머문다 기약을 두랴마는
그래도 짜내고 얽었는데
반기네 꿈에 보네
헌사 비록 가난인들
산단풍 이대로 좋아라
이대로 고아라.

곱게 가꿀 일임을

바람이 비를 몰고 올려나
휘날리는 꽃 봄을 벗기며 내린다
가는 봄 아쉬워 지는 꽃 보건만
머리는 철을 건너뛰며
늦가을 잎새 하나 달고 있는 나뭇가지
끈으로 묶어두는 지혜가 싫어서
우거진 푸르름 꽃보다 좋아라고
붉게 타는 단풍
새하얗게 덮힌 들과 산에 눈눈눈
제 철을 맞아 꾸미고 가꿀 일이다

습기 머금은 구름 모여들고
새순 나풀이며 바람을 즐긴다
지는 꽃 피는 잎새에 머물지 말라
꽃 지듯 물 가듯 가야만 할 그런 것 아니기에
생이 다하는 날까지
곱게 곱게 가꿀 일이다

지는 꽃

서녘의 붉은 노을 받을 때
하루가 갔구나

바람이 비까지 몰고
한창 핀 벚꽃을 마구 흔들어 내린다
쌓인 벚꽃 잎 하얗다
뿌리께도 인근까지도
시샘일까 곱게 두고 보질 못하는
비바람

떨어진 꽃잎
젖은 꽃잎
한웅큼 손에 담아 내음 맡아라

봄 한 철 설레게 피고 간 너의 자태
곱다 예쁘다 향기롭다
지는 꽃이라고 꽃이 아니랴
하루를 보낸대도 서운함 있고
한 철을 겪어내며 반기며 즐길 때도

이렇게 인생의 한 시절 보내고 맞는
황혼녘 산수 넘긴 몸으로
지는 낙화에 애처러움을 준다.

장미

앞서 피워 봄 깨우던
햇살 쏟아 더 화사했던
살구 매화 복사꽃은 지고
이 5월 정열을 살우는가
온통 몸은 달아 붉어라

차라리 찔리고 싶다
철철 흐르는 내 안의 선혈 보고 싶다
푸르른 잎새 밑 감춰진 가시로,

너의 달뜸이 만인의 정념 일깨워
일색으로 정화케 하라
하나 되게 하라
너의 너만의 혼으로

변하는 계절 앞에서

철 따라 피고
바람 불어 열매 큰다

해바라기 노란 빛 바랬는가
코스모스 한들인다
매미 소리 자지러졌던 숲 고요하고
그물채 피해 날아솟는 빨간 잠자리.

닥친 늦더위
초가을이듯 높은 하늘

황혼의 서늘함 즐긴 들 어떠랴만
서둘은들 앞당길 게 있으랴만
하냥 빈둥일 수 없어
부지런 빌려 보는 손에 발에
계절을 얹은 사념의 깊이여!

이우는 계절

떨어진 잎새 보슬비에 젖어
방범등 불빛에 다이아몬드가 된다.

스스로 뒤척이는 회억의 속 저 밑
침잠의 역사 일으켜 안아라.

몹시도 바빴는데 그리도 처진 날들
이제 책장 넘기듯 여유로움 피워 본단들
뉘 탓할 이 있으랴만
부끄러움이 눈시울을 적신다 감기운다.

비까지 젖어내린 어스름녘
호젓이 단풍이듯 색깔 하나 사고 싶다.
미안을 딛고 죄스러움 제끼고
촉촉이 고운 때깔로 젖어내리고 싶다.

처진 머리카락 걷어올리는데
서늘한 바람이 온 몸을 스친다.

다독여 일깨운다

신새벽
싸늘한 냉기
휘감기는 바람결
낙엽이 몸부림친다.

어길 수 없는
흐름이라지만
쉬이 오는
가을 겨울이 싫다.

이렇듯
이렇게 보내고 맞았던
어젯날
화사하고 따사로운 시간
있었나, 있기나 했었나
구메밥 씹으며
꿈꾸었던 상념의 시간 속에서
그래도 만들어 낸다는 의지
그 의지가 있어

딛는 발걸음 힘을 실었었는데,

스잔스레
비껴 저무는 노을 마주보며
싸늘하게 얼굴에 맞으며
또 맞을 내일의 새벽을
궁리한다.

* 구메밥 : 형무소밥을 말함. 형무소 감방문에는 아주 작은 문이 있는데, 그곳을 통해 밥과 음식을 넣어준다.

공원의 아침풍경

63빌딩 한 시 방향
상현저수장 아홉시 쪽에
여기 산꼭대기 사각정에서
팔방을 조감한다.

돼지감자꽃 노랗게 피어 하늘거리고
두 벌 나팔꽃 진보라로 망초 끝에서 환히 웃네
들콩은 둔덕을 덮어 푸르름뿐
산딸 볼그레 하늘을 치보는데
콩새 날아와 맛있는 아침식사

공원은 한적하고
풀섶에 귀뚜라미 합주런가 소리 다채롭다
하나 둘 산책로를 걸어간다
깨어나는 일상.

* 산딸 : 낙엽교목(喬木). 산에 자생하기도 하고, 정원수로도 심음. 산딸은 식용으로도, 새들의 양식으로도 사용된다.

아침 동산

주고 받는 등산길 인사
안녕하셨어요. 네 안녕하세요
며칠 못 뵈었는데
예, 고향에 다녀왔습니다.
고향! 좋으셨어요?
예나 지금이나 대추볼 볼그레합디다.

낙엽을 맨발로 밟는 이
계단을 오르는 이
사각정에 정좌하고 명상에 잠긴 이

얕은 산 국사봉 오르는데 등산장비 다 갖추었다
이른 아침 야-호는 삼가하는 것
뒤를 밀다 앞질러 가는 젊은이
올라 정상에 서서
동녘을 바라보면 이내 아침해 뜨고
시원히 불어주는 솔바람에
마음의 찌꺼기까지 말끔이 씻어라

좋은 얼굴 반기는 인사
이렇게 푸르른 아침
오늘도 출발이 가볍다
사뿐이 내리는 하산길.

조금달 보며

산책길 오르는 길섶에 풀벌레 소리
맑게 개인 중천에 조금달
휘적이며 한발한발 오르는 계단
숨결을 높이고 맥박을 뛰게 한다
오르고 오르다 보면 206계단 끝에
둥굴한 놀이동산
노인들 먼저 운동기구 차지했고
젊은 부인 가슴엔 푸들이 안겼다
새벽 어둠이 사라질 무렵
공원길 비추던 전등 빛을 놓으니
사위의 푸르름이 눈앞을 채우는데
허공을 날으는 비둘기떼
산들바람 이마를 어루는데
초가을 노란 단풍이 나비 되어 내린다
조금달은 서녘으로 자리를 비껴간 채

일상(日常)

불빛도, 어슴프레 달빛도 없는
고요한 숲 속을 더듬듯 걸었다
덤불에서 잠자던 꿩이 쿵!
가지에서 뻐꾸길까 프두둑 날아라
다시 적막은 숲 속을 덮고
나무 사이로 별들이 반짝인다.
시간은 오전 4시경
바위 한 쪽 빌려 앉고보니
날아내리는 단풍 발끝을 덮고
보이지 않을지라도 코끝의 후각은 말해주네
사위를 덮고 있는 단풍들 낙엽들
허송세월 한 것이 아니라고
물끼 시들은 잎새도 향기가 있거늘
봄 여름 부대끼며
열매를 크게 했고 뿌리 살찌웠노라고

일어서라
그리고 새삼스러울 것 없이
일상으로 돌아가라.

뗄 수 없는 일상

간밤에 날씨가 개었나보다
풀잎에 이슬이 영롱히 달린 걸
풀섶을 헤쳐 지나 능선 타고
전나무 신나무 컴컴히 우거진 숲을 지나
허억이며 산정에 섰다
저 밑에 두고 온 흔적들
온갖 더러움에 시달림 당하겠지
품위 있고 고상한 척 말아라
탐진치(貪瞋痴) 못벗어난 스스로의 모습에
진저리치며 마음 아파할 너라는 걸

해는 뜨고
새는 고운 소리로
바람은 푸르른 잎 흔드누나
잠간잠시 젖었어라 상쾌를 가졌어라
일상이 기다리는 저잣거리로
뗄 수 없는 인연줄 어쩌지 못해
또 붙들고 엮어내는
나의 일과여!

산이 되자

산은 외롭다
산은 춥다
산은 배고프다
산은 그래서 새도 짐승도 사람도 모은다
산은 그래서 단풍을 낙엽으로 뿌리를 덮는다
산은 그래서 열매 익게 하고 샘물도 솟구친다

찾아가자
깊은 골짜기도 좋지만
내친 김에 봉우리도
봄에 피고 가을에 주저앉는 풀포기도
다람쥐 산까치 부엉이도 있는
붉은 단풍 맑은 샘 상수리 알톨로 딩구는
산으로 가자
산에서 쉬자
산이 되자.

가을아!

연보라 머금고 하얗게 꽃피우던 개망초
한 세월 보냈는가
들자운영 늘어진 줄기에 보라빛꽃
바래기, 강아지풀, 가라지, 왕골풀들
제각각 이삭을 솟구치며 한들인다.

휘영청 저 달 서천에 매달리듯
음팔월 열이레 새벽을 밝히는데
풀벌레 좋아라 현을 타고

봄 여름 보내고
끌어안고 품어야 할 겨울을 맞아야지

계절의 흐름이 시절을 낳는 것
우리가 꾸리고 우리가 갖는 것
수고로움이 적었기에
부지런이 일 못했기에
부끄러워할 게 없다 할까
익는 가을아!

가을 밤

귀뚤이 울어
밤은 깊어가고
걷는 이 드문
한적한 등산길
호젓한 모습
쓸쓸이 밴다

한 잎 두 잎 내린 단풍
가을의 재촉일까
낳고 자란 가지 버리고
뿌리로 내림인가
스스로 그러함이
세상의 법도

귀뚤이 울어
밤을 새우려나
보다.

비에 젖어 내리는 잎새

앙탈없이 내리는 비
곱기도 해라 비에 젖은 단풍
하늘거리지도 않고
불빛 받아 반짝이는 잎새
가을을 재촉하며 내리는 비
소복이 쌓인 붉고 노란 갈색의 잎
바람에 불리우고 빗물에 흐르다가 멈춤인가

한 생 다하고 낙엽 되어도
고아서 예뻐라 지는 잎새야
한 시절 살다가는 잎새야 인생아
예쁜 말 들으며 지는 인생아 잎새야
조용히 내리는 빗소리 들으며
상념에 젖어 비에 젖어
너와 나 하나 같은 잎새.

국화향

밤에 이어
이 새벽 비바람 불더니
잎이 떨어져 내렸다
낙엽 밟지 않고 발디딜틈 없이
밟으며 오르는 길
붉어라 노랗다 지는 단풍
비는 개이고 바람도 자자들고
설렐까만 계절이 부추긴다
늦가을 정취
서늘히 부는 바람
국화향이 반긴다.

밟히는 낙엽

단풍이사 내리는 것
떨어져 딩구는 낙엽들
한시절 푸르게 살다가
붉어라 노랗다 지는 잎새

물끼 잃고 까칠한
떨어져 휩싸이는 낙엽
소복소복 쌓인 잎과 잎
말없이 밟으며
봄 여름 가을
꽃 잎새 열매
그리고
이 늦가을과 겨울의 문턱을
걷는다 스잔한 마음 달래며

해마다 겪는
스잔스런 날씨 냉기 느끼며
그래도 폭신히 밟히는 낙엽이 좋아
걷는다 또 걷는다.

부활

낙엽 사이로
쉴새없이 헤집고 다니는
나방 같은 곤충
날씨도 쌀쌀한데
무엇을 하려고 무엇을 찾으려고
흰 나래 회색 몸에 착 붙이고
찾으려는 것이 무엇일까
열심히 헤집고 다니는 나방 한 마리

영하로 추위가 오기 전에
잎새던 땅밑이던
너의 몸 눕히고
편안을 찾았으면
그리고 오는 봄날에
품었던 알 다시 부활하거라

스잔이 부는 바람결
우수수 떨어지는 낙엽에 쌓여라
낙엽에 쌓여 부활하거라.

풍경

질척이는 길, 빗길 뚫고 올라서니
정적은 고요를 낳고
불빛은 아스라한데
밝기 전 아침이 자욱한 안개비에 젖네.
밟히는 낙엽 비에 젖어 윤기 품어라
산 속 적막 뚫고 산비둘기 날아라
눌러 계절을 재촉함이 영그는 가을인가.

풍경 2

검은 하늘
별이 총총
높은 빌딩 솟아들 있고
파란색 분홍색 창이 밝아
붉은 빛 십자가 유난히 튀는데
백열등이 근린공원을 비춘다

이른 새벽
먼 직장길
애기 잠깨어 젖을 찾고
조금씩 수선해진다
조간신문 훑고 이내
등산로 탔다

날씨는 영하 9도
귓불을 얼구고
말간 콧물이 입술을 탄다
아직 겨울은 먼데
등산로 내린다.

먼동이 틀 무렵

겨울을 거부하며 살아가는
착한 사람들
끼니를 걱정하며 조석을 엮어가는
고픈 사람들
병든 채 앓아야 하는
내 이웃 사람들
계절이 앞당겨지고
일용할 양식이 있고
먹고 마실 약이 있다면
시름을 내려놓고
일할 수 있다는
축복을 받는다면
겨울의 캄캄한 밤일지라도
견뎌내고 맞으리
먼동이 터오는 아침을.

낙조

단풍이 날아 내리다
한줄기 바람에 몸서리친다
해는 뉘엿 서늘함 스며든다.

계절은 입동을 밟고
떨어져 뒹군 잎을 깔고
까칠한 갈대 어석대는 사이로
잎 떨군 앙상한 나목
석양 노을에 비친 몇 그루 홍단풍
남은 정열 불사른다.

먼 산 돌아내리는 땅거미
음 구월 조금달 뒤로
붉은 낙조가 곱다.

꽃삽

을씨년스럽게 비까지 내린 저녁녘
아무나 시비 걸어 올 이라도 있다면 좋으련만
하냥 쓸쓸이 혼자이길 되새길 건가
어쩌랴 혼자인데 이 한 밤 어젯일 뒤집어 봄도
겨울이 깔고 앉은 화단 모서리
노란 국화 마른 채 젖어 있다
한 여름 무성함을 자랑삼을만도
탐스럽던 열매 곱디고운 꽃송이
흔적 몰라라 잊을 만한데
어즈버 일구던 꽃삽 녹슨 등을 보인다.

만추(晩秋)

겨울 봄 여름 지내놓고
여기 가을도 늦은
지난 가을 잉태한 봄을
설한풍 민둥산이 텅 빈 들바람이
지심 뚫고 생나무 등걸 뚫고
길러낼 봄임을 믿었기에
줄어드는 봄 아쉬워했다던
쏟아지는 햇볕 아끼고 다독여
여름 좋을시고 꽃보다 좋다던
알알로 열매 익게 하는 높은 하늘
여기 갈무리의 풍요로움이 더 좋다던
갈잎 하나 둘 지는 저녁

이렇게 사계 맞으며 보내며
다시 맞은 늦가을 늦은 날
물든 잎 곱게 뿌리께로
바람 불어 까칠한가 아쉬움 안게
이렇듯 가는 계절이
눈길에 섦다.

들보다야 산인 것을

텅 빈 들판
스치는 바람결에 퇴색한 풀줄기
정조식 고랑 따라 베어낸 벼포기
저 멀리 검푸르른 공장의 매연
새라도 날아주렴
허허로움 달래주렴
허수아비마저 없었던들

산은 겨울
휘어부는 바람에 나목이 떤다
동냥하듯 햇볕은 푸르름을 탐하는가
노간주 주목 잣나무 소나무의 푸르름
오히려 빛을 퉁긴다

발 내디딜 앞을 보라
융단보다 푹신한 포개 쌓인 낙엽
풀뿌리 싸리회초리 노린재 휘어진 가지
박힌 등걸 돌바위 잡아끌어 당기며
오르고 또 오르는 숨찬 산행

입춘이 지나설까
매서운 바람 한 풀 꺾인듯
우수 경칩을 당긴다.

꿈꾸던 봄 지심 일구어
버들가지 솜솜솜
망울망울 진달래
눈길 잡고 반긴다

들보다 논두렁 밭두렁보다
사철 살아 반기는 산
찾아 오르네 몸을 맡기네
살갗에 시원을 훑이고
좁아터진 마음밭이랑 넓히고
애말랐던 민머리 풀어라
몸도 고픔도 애달픔도 풀어뱉아라
푸르름 산정기 품어라 안아라
푸르른 산정에서

입동의 날에

세월의 흐름 누리에 거듭
무상을 말하는가
이 가을을 버린 자리
너 입동
또 무엇을 세우려는가
설한풍 지나는 길에
남루로 버틸지라도
의연한 자세
강인한 속알로
새날 새봄 뿌리내릴
씨앗 다독여 심고
따사로운 양춘 낳게 하는
입춘을 세우려는가

트인 능선에서

오르다 발쉼 잠간
골짝물 자자들어 없고
앙상한 잔가지 끝에
파란 하늘이 차다

트인 능선에 올라
사방을 시선으로 찍다
바람에 시달리다 잠시
나부낌을 멈춘 가지들 사이로
햇볕이 따사로이 가슴을 핥는다.

이우는 절기
지금 대설 지나 동지
아직 맵지 않은 동절기인데
걸터앉은 엉덩이가 시리다
메마른 바람 귓전 스치며
땅 속 깊숙이 흐르는 물소리
들리지 안느냐.

앙상한 나무
고달픈 계절
산새들도 허기지는 세한
조이 내려뻗은 능선
거기 쪽빛 하늘이 일색으로 춥다

아냐, 푸르름은 찾아오고
따스함도 동무할 것
우리의 믿음이
환한 내일의 봄날을 만드는 것
기우는 산길 한나절
품은 따스함으로
앞에도 뒤에도
도란도란거리는 사람 있어
발길 발소리 숨길 숨소리 섞어
고달픔 없는 내일을 다짐한다.
홀가분한 산길
트인 능선에서.

월동미준(越冬未準)

그렇게 당부했건만
그래서 다짐했건만
무성했던 메타세콰이어 잎새
생기 잃고 갈색 낙엽이 되도록
늘푸른 청솔로 살 수 있는 양
후회할 걸 알면서도
짐짓 벗어나지 못하고
애오라지 마음만 앞세웠을,

안타까움에 아쉬움 겹친단들
엄동설한이 비껴갈까
우유부단이 나태와 안일이
키워 만든 낭패 어쩌지 못하고
동동인들 후회막급일 뿐

귀뿔 얼어라 삭풍한파에
월동 못갖춘 부끄러움이
몸도 맘도 움추린다
이 겨울의 한복판에서.

에이는 겨울 새벽

새벽 서천(西天)
음 열이레 달 맑아라
앙가슴에 품은 샛노란 달덩이

잔설 얼어 발길 서걱이고
그늘 짙은 빌딩 사이
그림자 깔리고서
고개 들다.

저 달빛
싸늘하다 에이는 한냉(寒冷)
어깨 모은 좁은 가슴
한 걸음 거듭 한 걸음
설한(雪寒) 한복판 뚫고
속가슴 지피운 불씨 일구어
천지 가득한 에이는 새벽
샛노란 저 달덩이만 남기고
녹여라 풀어라.

겨울바다 사람아!

동해바다 철석이고
대포항 양지쪽 그물 손질 바쁘다
밀려오는 바람에 출렁이는 바다
흔들리는 고기배
갈매기는 날으다 내리고

정갈한 아줌씨
지나는 나그네 호객으로 맞고
어떠시냐 춥지요
회 뜨는 손질은 도마에서
입과 귀는 연신 손님과 마주하네
파도가 성을 내면 앉아서 보내고
해조음 자자들면 배를 띄운다

일하는 자 복도 없지
푸른 바다에 호통치지만
평생을 두고 파도와 싸우는
겨울바다 속초항 사람아
이렇게 바다를 안고 돌아왔다.

시끌벅적

하루 남겨둔 2014년
서울의 밤거리 종로
넘쳐나는 인파를 벗어나
관악산 밑 침침한 둘레길에 들었다
인적 드문 산길 금새 고요가 찾아오고
혼자라는 사실 무서움이 스며
큰 소리로 야 - 호 야 - 호
숲이 흔들리고 잣나무 소나무도 흔들린다
낙엽들이 살아난다. 마른 풀들이
어쩌면 이런 경이로움이 있을까
마냥 화합하자며 살아난다.
사람도 수풀도 숲도 시끌벅적
하나로 되어있을 거라고
통일은 시끌벅적한 때 찾아온다라며.

인생 2

까끌까끌한 인생살이
뭐 시원한 게 없을까 두리번거리지만
팔방을 찾아봐도 없네

한여름 땀 뻘뻘 흘리고
흐르는 물에 식혔던 막걸리 한 사발
열무김치 한 젓가락이면 되는 것을

논밭 두렁에 콩이 꽃필 때쯤
강냉이 수염이 말라갈 무렵
냉콩국수 한 그릇이면
막혔던 속 툭 트일건데
도시의 달아오른 아스팔트의 열
빌딩 사이에 꽉 차인 매연을 마시며
살려고 버둥대는 인총들
어렵다 힘들다 숨이 찬다

부드럽고 여유로움을 찾았건만
멀다 지척에 있는 데도 멀어라

버거운 인생길 수월함은 없으려나
오늘도 하늘에 뜬 낮달 보며
까끌한 삶 어려운 인생 탄하며
구역질 참아내며
살아낸다.

막역하기로서니

산천초목 금수에 벌레까지도
주는 정에 따라 되돌아오는 것도 다른 법
주고받음에서 그럴 수 없이 막역해지고
그러다보면 모든 걸 알게 되고
허물도 지은 죄도 못갚은 은혜도
그가 사람이던 산이요 물이던
말못하는 미물일지라도 안다 모든 걸
때문에 대접을 잘 해야 한다는 것
떼는 쓰되 허물로 욕되게 하지 말라
있는 그대로 보고 듣고 하노라면
잘못도 잦아들고 아둔함도 줄어들거다
얼마나 의연한가 얼마나 보기 좋은가
그대로 대접받고 우러름 있다는
막역할수록 지켜지는 게 분수요
한몸이듯 아끼는 게 본분임을
이것이 예의임을
뉘 있어 "아니"라고 하겠나.

세상 이치

여드레 스무사흘 조금이라지
초하루 보름은 사리
달을 두고 이른 말이지만
뱃꾼들 뱃일에 모르면 안될 일.
물이 바다를 몰고 나갈 때
조개 낙지 줍고 캐고 좋아라
바다를 몰고 들어올 때
엇뜨거라 저만큼 뒷걸음치지
일렁이다 되짚어 돌아오면
물때 곱다
달걸이 적고 짧아 좋은 건가
펑펑 쏟아져야 후련한 걸
빈혈은 잠깐
님 맞는 그 쫄깃함을 누가 알랴
손해본 듯 보탬이 있고
혼자런가 하다가도 어울려 풍성해라
어둡다고 노상 캄캄하랴
해뜨고 밝은 우리의 날
곧 오리니.

마음을 달래며

엄마의 양수가 이렇게 포근하고 아늑했을까

은근히 나부끼는 바람결
구름이 하늘을 당겼다 밀었다
푸르름에 덮히고 두르고
부푸른 꽁지 세우고 날렵한 다람쥐
숫큉, 때깔고움의 자랑인가
킁킁! 솟구쳤다 내려앉고
졸졸이며 흐르는 맑아라 석간수
탁족에 간지럽히는 송사리 떼
추움도 더움도 근심도 잊은 채
시장기도 잊어라 한낮의 산골
포근해라 아늑해라

잡을 수 없는
머릿속 바램인가.

매창과 허균

안개 자욱한 산허리 돌아 산정에 서니
두견이 뻐꾸기 소적새 소리내며 반기네
건너 편 자작나무숲에선 꾀꼬리 노래
밑에서 불어올린 안개 더욱 짙어
그윽함에 잠겨 님을 찾아라.
매창 허균 변산의 사연
벼슬도 접고 노닐며 사귄 벗
구도의 길 도반으로 깊은 정 쌓고
채석강 철썩이는 파도에 사랑 실어
내일을 다짐했을 지기지우였던가
깊은 우정 깊은 사랑
서로 그리며 애틋을 풀어라.
뒤집어야 할 혼탁한 세상
그가 그녀가 그리던 참세상
500년 지났것만
두터운 벽 없애려 홍길동을 앞세웠건만
오늘도 그러네
내일은 되겠지.

지는 달

싸늘한 바람을 옆 얼굴에 맞으며
공원 걸상에 앉았다
오직 팔각정 지키는 등불이 있어
사념을 돋우고 글쓰게 한다

새벽을 밝히는 스무낫날의 달
저 달이 지기 전 해는 뜨고
서천에 매달린 낮달이 되리니
버림받았다 말라
외로운 이 지켜주고
기쁜 이 함께 했던
너를 즐겨 찾아 너와 담소 나누며
만인의 친구가 아니드냐
반기는 마음 나 또한 그들과 다르랴
사색을 돋구어 시(詩)를 쓰게 하는
지는 달 지는 달아!

해조음

길가다 해조음 들으려 바다로 다가섰다
밟히는 모래가 발걸음을 더디게 하고
철썩이는 파도는 어서 오라 채근인데
갈매기 얕게 날아 바다를 어루인다

찾는 곳 해운대 동백섬 머리
웨스턴 조선 끝 바위 너덜
신새벽 촛불 밝히고
비손질, 뉘를 위한 염원일까
저리 그리 간절할까
해 떠올라 붉은 노을 밝은 얼굴엔
기쁨일까 얻은 편안 배어나온다

나그네 발길 포말로 다가온 물결
손바닥으로 담아보지만
손만 적셨을 뿐 아무 것도 없다
겨울 날씨 시린 손 털털 털어라
해조음 귀에 담고 동백섬 소나무를 본다

고분 하나

숲속 고즈넉히 사리고 누워있는
잔디일까 잡초일레 얹혀있는
남쪽 양지 나뭇가지에 막혀서
햇살 한 두어 개 비집고 내려와
낮으막한 봉분을 어루고 잠깐 쉬나

밤이면 별들이
겨울의 설한풍
여름의 녹음방초
희로애락 잠든 무덤 속에서
헤일 수나 있으랴
무상이 실어나른
침묵의 영속이여!

돋는 해

돋는 해 마주보며
참 오래간만이다
날마다 돋는 너를 의식하며 보는 지금
정말 오래간만이다
매일 볼 수 있었고
날마다 느끼며 알아챌 수 있었는데

붉은 너의 둥근 얼굴은
원만 그 자체
인생의 푯대 생명의 근원임을
누구나 너를 닮고자 너를 우러렀고
네가 세상을 비춘 것과 같이
빛이 되고자 했다

네가 있어 앞으로 나갈 수 있고
네가 있어 삶의 의미가 있고
네가 있어 즐거움을 나눌 수 있고
네가 있어 새생명의 탄생을 알릴 수 있었다.
너의 덕을 끝없이 칭송케 하라.

자연(自然)이듯

보는 것 듣는 소리
나를 일깨운다
색색의 꽃 지저귀는 새 보고 듣노라면
꽃도 새도 나를 충동질한다
불러달라고 알아달라고
칡은 봄에 싹 터
길게 뻗어 몇 발이나 자라며
대나무 죽순 돋아 한 번에 다 큰다지

해년마다 더하고 나날이 쌓여가는
지식과 기술 한도 끝도 없는 것일까
자연속에
자연과 더불어
자연이 되어
애태움 모르고 부족도 아쉬움도 없는
해 뜨면 일용할 것 얻으려 일하고
밤이면 글도 쓰고 책도 보며
새소리 물소리 바람소리 공으로 챙기듯
살았으면…

산길

산길 걷다보면
산 너머 또 산인데
산을 바라보고 또 걷는다

고생스러움
번연히 알면서도
잠깐 쉬어가면 좋으련만
내달린다 앞만 바라보며

푸르른 산이 좋아 시작한 산길
숨이 좀 찬들
걸음거리 둔하고 느린들
하냥 쉴 수 없고
오던 길 되돌릴 수 없다는 것
봄 여름 가을도 지나
눈 쌓인 겨울산 폭폭 빠지며
넘으리 따사로운 봄 맞으리
산길 굽이굽이 첩첩함이 있기에
산길인 것을.

사랑하세요
　- 침을 놓으며

해 뜨는 쪽과 달 지는 쪽
오른손의 남과 왼손쪽이 북인 것을
헤아리고 짚어보노라면 문리가 트이는 법
40대 아픈 분이 찾아와 하신 말씀

　서른에 아들 낳고
　마음 깊은 곳에 얻은 병마
　십여년 채 데리고 살고 있노라
　역마살이 끼이고 떠들썩해야 숨이 트인다

늘어놓는 사설에 혼자 취한 듯
병은 어데 가고 말만 쌓이고 있다
예쁘신 분이시기에 마음도 고와라
실컷 하신 말씀이 심화를 풀으셨다
속이 펑 뚫렸다 편안한 마음
번열도 낮아지고 보는 것 사랑스러워
언제나 와서 얽힌 타래 푸시고
사랑하세요.

추억(追憶)

장면 장면이 주마등처럼 스친다
기억력의 쇠퇴가 혼란을 일으킬지라도
지내놓고 추억하는 것
늙음의 상징이라지만
흐뭇함이 오늘의 나를 미소짓게 하는
행복임이랴

수족을 놀려라 생각이 마를 때까지
기록할 수 있는 한 써서 남겨라
비록 하찮드라도
시대를 함께 살고 도모했던 역사이기에
참혹했던 전쟁과
굶주린 가난을
구원자로 우뚝 서진 못했을지언정
생명을 저버리지 않았다는 자부심 하나
어려움이 있었기에
자랑찬 어젯날이 있었고
찬란한 내일을 기약할 수 있다는 것
현재의 고단도 오히려 힘이 되느니.

벗 있음에

떨어졌다 만나면 반가움이 솟고
여유라곤 손톱 끝만큼도 없다가도
꾀복쟁이적 동무 만나거나 소식만 들어도
반갑고 어루어 만져보고 싶은
벗 있음에 늘 든든하고
기쁜 일 궂은 일 함께 했던
벗아!

세월이 갈라놓고 세태가 막았던
그 몹쓸 시절
사나웠던 인심
그렁저렁 보내놓고
이제사 듣네 보네 동무의 변해버린 모습을

풍상 겪고 서러움 씹으며
황량한 마음밭에 거름이나 주었을까
비정한 나날 용케도 버텼다
이렇게 되짚어보는 어젯날이
새살 차 아문 상흔에 쓰림을 더한데도

어릴 적 한창 적
그 좋던 때를 떠올려보네
동무 벗 친구 동지가 함께
억눌림 제껴 벗어라
곱게 간직했던 옛일 추억하며
동무야!

애잔
- 국민학교 동창을 만나고서

뒤꼭지 머리결 따라 어루어라
어깨 싸안고 이마에 입맞추어라
한 발 물러서 옷깃 다듬고 다독여라
그리고 그렁그렁 눈물고인 눈 마주해라.

몸도 마음도 다 커버린
그간의 사정과 형편이 어떻든
한 하늘 아래 호흡 같이 하며
잠깐씩 때론 몹시 보고팠던

우리 함께 만나 슬프도록 기뻐서
다시 부여잡는 따스한 손길
다만 옛날로 도리킬 수 없다는
각기 살아온 세월이
메울 수 없이 골주름만 키웠나보다.
이렇게 황혼녘을 다스리며.

젊게 삽시다

할 일 있어 결기 넘치던 때
지나고 뒤돌아보면
한창 적 저런 힘과 지혜가 있었던가
회고하며 나날 보내는 황혼의 인생아!
공원에 올라
뻐꾸기에게 던지는 첫 물음
어찌 그렇게 슬피 우느냐
해도 뜨기 전 그렇게 애간장을 태우느냐
배워라 흉내라도 내보렴
낮게 날다가 청아하게 노래하는
맵씨도 고와라 금빛나래 나부끼듯
쌍쌍이 노니는 저 꾀꼬리를
늙은이에 섞여 젊은이도 올라라
새벽부터 늦은 밤까지
근린공원엔 생기가 살아나고
약동하는 멋과 맛 어우러져
옛을 덮는다 젊음이 살아난다
젊게 삽시다.

변덕을 즐기는 뻐꾸기

뽀얀 포말을 일으키며 비는 내린다
젖은 나래 속으로 접고 울음마저 삼키듯
다소곧 정적을 싸안고 머리 숙인 뻐꾸기

숲은 짙어 울울한데 자지러지는 매미소리
동산을 차 넘치게 하네 새소리 바람소리
젖은 나래 털털 털고 울어예는 저 뻐꾸기

고요타가도 요란스러워 숲속의 속사정
내밀이 소곤대다 일어나 광풍에 밀리는
여름날의 숲인가 젊음의 요동인가
여기 변덕을 즐기는 새내기 뻐꾸기 있다.

형편이 어떠시길레

신관이 좋으십니다
가뭄도 풀리고
가늘지만 기쁜 소식도 있고
이렇게 지내다보니 좋은 날이 오는가벼
세상사 별 것 아니라지만
꼭 피해서 될 일이라면 몰라도
내가 아니면 안된다는
허무와 자만은 버려도 될 일

돌아가는 이치 따라
해 뜨고 달 지며 꽃 피고 새 우는
그런 순환론에 빌붙지 말고
한 걸음 앞당겨 맞고
복잡하다고 단순을 쫒지 말며
힘닿는 한 부지런 피워 올리다보면
신관이 좋습니다
말 들으며,

공덕

청량감 일으키는 근린공원 바람재
올라 둘러보지만 바람은 어데 가고
게으름 피우다 어거지로 일어난 뻐꾸기
부성한 나래 햇볕 받고서야 뻐-꾸-ㄱ

나무도 풀도 아침에 진 꽃도
축 늘어져 생생한 생기 잃고
스며드네 햇볕에 더위 피해 그늘 찾아서
유월의 태양은 사정이 없다
가리는 구름도 벗기고
부는 바람도 멈추게 한다

개점휴업 근린공원 바람재 바람 한 점 없고
재잘대던 새들도 가지에 나래 접고
등걸 밑 소복소복 흙더미의 개미집
개미새끼 한 마리 볼 수 없다
따가운 햇님아!
너의 공덕을 어찌 모르랴만
이럴 땐 네가 좀 피해줌이 어떨까

망중한(忙中閑)

늦음을 알았거든 서둘을지니
앞당겨쓸 촌음이 있거들랑
형편 닿는대로 당겨쓰고 주름 잡아야
부지런 사 몸과 마음 쓰다보면
마음의 주름살 곱게 펴지고
골패인 이마에 웃음이 번질지니
얼마나 좋으냐
조이 쏟은 땀방울 부는 바람에 맡겨라
일한 뒤 맛보는 이 청량감.

역군(役軍)

짧은 장마가 몰고 온 알몸의 태양
사정없이 내린 흰빛의 따가움
아스팔트가 녹아흐르고
차 본네트가 달아 화상을 걱정하고
정오 지난 도시 그늘이 없다.

흐름을 정지시킨 한 여름의 작열
구름도 떴다가 없어지고
새들은 숲속의 정적을 즐기는가 미동도 없다
이런 한 더위 속에서
시간을 다투며 생산을 해야 한다
돌아가는 기계에 맞추어 끊임없이
손대로 귀대로 눈대로 말대로
일석 사조 일인 사역을 해낸다
국가건설의 역군은 남들이 하는 말
잘릴까 밀려날까 퇴직일까를 걱정
남보다 더 열심히 일하며
오늘도 살아내는 인생 역군이 있다.

애오증(哀惡憎)

생각을 멈추게 한 등산길 모퉁이
몸부림치는 지렁이 개미가 다닥다닥
살포시 내려앉은 까치가 개미 채 꿀꺽
지렁이도 개미도 없다 비었다 하얗다

몇 시간을 노래하기 위해
인고의 나날 지층에서 보내기 5-6년
매미여! 숲속이 떠나가도록 노래하렴
새의 밥이 될지 청설모의 아침이 될지
부는 바람에 휩쓸려 시궁창에 처박힐지

삼라만상 펼쳐진 현상은
그냥 그대로 흐를 뿐
희로애락 애오증(哀惡憎)을 안고 보듬고
딩구러라 걸어라 뛰어라
이왕이면 날아라.

사무친 그리움
  - 부모님 묘지비-

솔바람에 푸르름 불어 바램을 키우시고
한여름 흰구름 띄워 더위도 가리심인가
한생 자식 위해 하늘땅도 부리셨어라.

논밭에 글씨 뿌려 문장 피워내시고
베틀에 오른 애틋으로 육남매 키우셨다
여기
저지른 불효 너무 많아 뉘우침도 말라라.

사모곡(思母曲)

엄마!
120살 우리 엄마
갑오년 두 번 돌아
청말 띠 우리 엄마.
천리마보다 날쎄시고 장정머슴보다 강하신
황종숙 우리 엄마!

장안산 무룽궁재 지소골 우거진 숲길
톺아 오르시나 휘어저어 돌아내리시면
선더덕 도라지 지초 산마가 어깨를 파고들어도
무겁지도 힘들지도 피곤하지도 않단다.
환히 웃어 맞아주는 자식이 있기에

배고파 허기지면 삽주입에 칡뿌리
송기에 찔레순 먹고 물 한모금 마시고
머루 다래 오직 좋냐시던
오줌통 머리에 이시고 남새밭으로
뽕 따 누에치고 삼길러 삼베짜시던
잠 내쫓고 명주실 뽑아 밤도 모르시던

호롱불 심지 돋우시고 바늘귀 꿰시던
시래기 듬북 넣고 밥 한사발 비비면
다섯 식구 다섯 그릇 거뜬이 만드시던
평생 자식 위해 사시던 우리 엄마.

상해로 중경으로 독립운동 한다는 첫째
강제징용 붙들려나간 둘째
정신대 끌려갈까 방직공장에 있는 큰 딸
해방이 되고
한 가족 다 모였을 적
화ㅡㄴ한 우리 엄마
정말정말 예쁘셨다.

장안산보다 넉넉하고 더 푸르른
내동천보다 맑고 유장하신
120세 갑오년 청말 띠
우리 엄마!
위덩더 둥셩!
엄마가 보고 싶다.

심안(心眼)

단전호흡으로 숨 고르고
심안 크게 뜨고 경관을 살핀다
새소리 먼저 보이고
소나무 잣나무 오순도순

공원 밑 동네
출근길 서두르는 바쁜 놀림도
책가방에 준비물 챙기고
상학길 바쁜 학생
약국터 약국자리 살펴보랴
지긋하신 엄마와 중2의 딸
애 아빠 투정이 피곤을 더한데도
내색없이 아무 일 없단 듯이
그러한 여인을 본다

근린공원 올라 오늘도
단전호흡으로 심신 달래며
마음의 눈 뜨고
마음으로 본다.

환희로 충만하리라
 - 종형 양용진을 생각하며

뒤돌아보면
부끄러움도 수치스러움도 많았지만
작은 것 이루어놓고
큰 보람 이룬 냥 어깨 들썩일 때도
등록금 빌려주고 불면으로 시달릴 때도
가만이 다가와 어깨 감싸주던 이
세상의 비정 넘지 못하고 활활 열 오를 때도
손 맞잡고 도란도란 일러주던 이
물 건느면 산이 가로 막고
구비 돌 때마다 헤쳐 나올 때마다
지혜 용기 힘 실어주던 이
은혜 입으며 감사 기르며
거듭 나면서 팔십생애 엮었어라
언제일까
마음의 응어리 풀어놓을 날, 통일의 그날
그것만 이루어진다면
한과 비분 말끔이 스러지겠지
암! 그 자리 환희로 충만하리라
그의 미소 띤 얼굴과 함께.

귀가길 놀이터

저녁녘 길게 드리운 노을 붉고
산그늘 어슴프레 관악산 내릴 쯤
숲 흔드는 매미 소리에 능소화 피고
매단 사다리에 아이들 신이 난다
솟꾸치다 더 솟는 그네 사이로
지담이 뛰어든다 두 손 벌려
번쩍 안아 뽀뽀한 볼
탱그르르 퉁기듯 돌아
벌써 무등을 탔다.

지담(志潭)의 여덟번째 생일

잉태할 때부터 많은 이들의 축복을
출생에 따른 많은 이들의 축하를
첫 돌 축복은 꽃향기보다 향기로었다.
신문에 잡지에 인터넷에 입과 입으로
덕담에 따른 분부요 부탁의 말씀 말씀

당겨지는 나날 포개지는 시간이 그대로 일 수야
노래와 춤가락의 어울림으로
어른들의 배려는 현악기 선율처럼
부드럽고 감미롭게 편달이 되어
예쁘게 귀엽게 자랐으라 크고 있어라
쌓여 인정과 사랑에 쌓여 컸어라

좋아라 기뻐라 흐뭇하여라
예쁘고 고운 우리 지담에게
티없이 곱게 구김없이 바르게
조국의 딸로 자라주렴.

딸을 보며

얼마만이냐 사랑하는 딸아
포개진 시간 지난날을 더듬는다
하나 같이 그립고 새로운 것들
지금은 중학교 1학년
훌쩍 커버린 너의 모습
엄마보다 더 크고 더 예쁜 딸

지나온 시간
책장 넘기듯 보노라면
웃음이 앞서고 찬탄이 솟는다
아장이며 첫걸음에 달려온 너
유아원 유치원 그리고 초등학교
네가 있어 즐거웠고 보람찼다
앞으로 얼마나 많은 기쁨을 줄까
고등학교 대학교 과정에서
너를 두고 기대를 부풀린다.

지담(志潭)의 생일

살포시 감았던 눈 조용히 뜨고
얼굴 마주보며 미소지을 때
누웠던 자리 몇 번 꿈틀이다 엎어질 때
잡고 일어나 혼자 설 때
첫 발 떼고 한 걸음 내디딜 때
너는 기쁨의 원천

누구도 원하지 않았던 수술
아픔을 대신할 수 없을까
눈물 짓던 엄마
어린 날 지내놓고
유치원 적 발레에 피아노에 온갖 재롱
초등 땐 전 과정을 넘치는 끼와 재기로

이젠 중학생
엄마를 따라 잡고 키도 공부도 잡학까지도
우리집 선도하는 길잡이로 컸다
오늘은 너의 생일 8월 9일
진정 축하한다 모두 모두가.

의젓한 예비 고등학생을 미리 설계하고,
진로가 화-ㄴ할 대학생의 꿈을
앞날을 당겨 미리 맛볼 수 있음은
너만의 특권 너만의 행운
축하한다 진정 너의 생일을.

지담(志潭)을 보면

좋은 인연으로 너를 만났고
인연의 끈 나날이 곱고 풍성하게
서로 가꾸며 꾸미기 어언 15년
너는 중학교 2학년
배움을 앞세워 자지러진 웃음을
밥 먹다가도 웃어 제끼고
교실에서도 그랬을까
친구들 선생님 있는 데서도.
사춘기에 배운 웃음 집안을 꽉 채운다

그렇단다 그 어떤 성냄도
미소 짓고 웃음 띤 얼굴 보면
눈 녹듯 성냄은 사라지고
차분히 대해오는 모습에서
화해와 창의가 일렁이고
여기 생산과 건설이 있다는 것
그래서 너를 보면 살맛이 난다.

기말고사 앞둔 딸에게

반딧불 밝혀 공부했듯
달빛 아래 글을 읽듯
부지런 사서 게으름 내쫓고
하루가 다르게 부풀듯 배움이 커나가고
잔잔히 흐르는 일월 속에서
세상 보는 눈도 높아지고

익을수록 고개 숙인다는 벼처럼
시간을 투자하라
갈고 닦고 깎고 다듬어라
하다보면
겸손이 몸에 배고
너그러움이 속에서 솟는다

잘 것 다 자고 놀 것 다 놀면
시험 칠 때 벼락공부 하기 마련
알갱이 없는 게 벼락공부

빈 하늘에 흰구름 띄우고

황금펄 일년농사 그 풍요로움
뿌듯한 농부의 마음자리 짐작이나 할까

열심을 앞세우고
기말고사 친 그대의 성적
남산의 탑처럼 우뚝 솟으리니.

갈등
 - 딸의 크는 모습을 보며

가장 살가운 서로였으면
못보면 일이 손에 잡히지 않는
막상 보아도 데면데면하지 않는
목소리만 들어도 발자국 소리만 들어도
구겨진 마음결이 펴지고
스물스물 번져오는 미소
그런 살가운 사이로 영원했으면

한데 소녀는 커갈수록 간격을 갖는다
때론 귀찮듯이 때론 화난듯이
아빠가 싫어서?!
남친이 생겨서!?
소녀는 변해야 하지만
속도는 줄였으면
멀어져가는 소녀 달랠 길 몰라
교감이 있을 자리에 갈등이 인다.

고향(故鄕)으로 마음은 가

장안산 그늘로 형상만 있을 뿐
골짝 흘러받아 내동천을 열었을 뿐
앞들 두덕들 굼뜰 논으로 밭으로 가꾸었을 뿐
골말 양지평 가재 굼들 밤실 귀목동에
인총을 모았을 뿐
장수담배 그 큰 잎 어데다 두고
사과가 지천 나랏사람 입맛 돋우었을 뿐
금산 진안이 인삼으로 일어나니
심고 보니 돈이라는 걸 알았을 뿐
거기서 부족한 듯 살았으면 좋았을 걸
비육우단지가 청정한 고향을 더럽게 했을 뿐
하기사 궂은 것 좋은 것 어우러지니
그냥저냥 그러려니 하지만 안면이 수수롭다
낳고 자란 고향산천에 선영이 있고
숭조당 언덕 철쭉이 곱다
엄마아빠 봉분에 잔디씨 뿌리고
논밭 두렁길도 거닐어 보며
안개 걷힌 장안산 얼굴 보고파서
가슴 펴며 앞을 보다.

고향의 새는 가을

운해(雲海) 자욱 치켜부는 경명풍(景明風)
으악새 저어쓸어 안개비 만드는가
백운산(白雲山)남녘엔 햇살일레 화ㄴ해 오고
장안산(長安山) 깊은 골골에 언제쯤 날이 샐까
한 가닥 마음줄 퉁겼다 당겨볼 쯤
시월상달 초하루가 밝아 온다.

오르고 돌아올라 또 돚아 올라
산죽 도열한 가운데 길 오르다가
미연히 발아래 마슬을 더듬는다
어데메쯤 내 탯줄 묻힌 정낭강변을

그리움에 서러움에 한맺친 통한을
새벽길 오르며 사루다
고향마저 사루며 잊을랑가
속울음 달래며 가뿐 숨 달래어 보니
붉어라 노랗다 새는 가을아
몸은 비록 산수(傘壽) 밟았으나
마음은 고향의 푸르름 따고 싸안아라.

그리던 옛집

옛집을, 사립 없는 문 앞에서
주인을, 뜰 앞마당에서
보고 찾았건만
빈 집 빈 마당 고요롭다.

방문 열리려나 하고 동정 살피건만
한줄기 가을바람
붉은 감잎 하나 떨구고
서산 노을 물들인다.

정서린 옛꿈 다독여보지만
없네 비었네 아무 것도 없네
아람벌던 밤나무도
주렁이 매달린 노랗던 감도

호젓이 쓸쓸이 발자욱 무겁게
고샷 벗어나니 보리밭 연두빛골에
스잔이 스치는 바람결
눈길 들어 우러른 장안산

오냐 네가 왔었구나
고향 찾아 조상 찾아
네 머리가, 네 마음이, 네 다리가
이끌드냐 시키드냐

지킬 수 없는 고향이라 탄하지 말라
금의환향이 아니라고 부끄러워 말라
이렇게 만나는 옛집
이렇게 안겨보는 장안산
바램 하나 푼 것이 아니드냐
그리던 옛집 보며.

기억력 회복

앞산의 봄은 요란스러웠고
뒷산의 가을 풍요로움이였다
흐르는 냇물에 빨래가 한창인데
꾀복쟁이 아이들 미역감기 정신없다
버드나무 늘어진 그늘에 앉아
피래미 가라지 꺽지를 낚던
할배의 얼굴 화 -ㄴ해서
이름은, 나이는? 오봉아재!
더듬어도 훑어도 살아날 줄 모르고
고향의 풍경 속으로 빨려드는가
어느새 뒷산 그림자가
산천을 싸안고
슬며시 내린다.

선영(先塋) 찾아뵙고

촉박에 또 재촉이다
시속 140k도 느리다며 페달에 힘을 준다
인생로정 팔십생애 여유고갈
그래도 달려야 한다
마져 해야 하고 매듭 풀어야 하기에
가쁜 숨은 푸르른 숲그늘 찾을 때
백양나무 꾀꼬리 노란빛 풍기며
청아한 노래 들려 줄 때
들여마신 숨으로 토해내자

고향선영 찾아 봉분에 잡초 뽑고
고개 들어 장안산 상봉 눈에 담고
내동천 벽남호에 잠긴 작살봉
신작로 내달리는 바쁨의 점점
눈에 맘에 담고 새기며
되돌아 쏜살같이
기다리는 일상(日常)에 손 내주었다.

그리던 고향이건만

벽남호 벽남정 푸르고 우뚝해라
내동천 흘러받아 정낭강변 돌아내려
장안산도 작살봉도 담아품고
푸르게 일렁이는 호면
가곡 궁양 장안이 자리잡은
넓은 들 깊은 골짝
서당골 고백골 덕치남 무룽궁재
조상적부터 터 지키며
논밭 일궈 살던 곳

사과가 지천이고
능선마다 청정한 소나무 대나무
가라지 꺽지 빠가사리 메기 흔한 냇가
어릴 적 오르던 동산
인삼밭이 차지했고
뛰놀며 공부하던 학교는 어데로
변했다 많이도, 아는 이 별로 없고
발길 돌렸다
꿈에 그리던 고향을 뒤로 한 채.

낙엽귀근(落葉歸根)

바람에 불려 몸부림친다
앉을 곳 어데론가 휩쓸린 채
어쩌지 못하고 뿌리께로 내린

한 철 꽃보다 예뻤던
태양이 곱다시 반기던
한여름 무성을 즐기던
진초록 검푸른 한 시절 겪고 넘긴
잎새 잎새여!
노을빛 받아 속으로 안아 길렀던
빛깔 고와라, 단풍도 잠깐
찬이슬 머금고 서릿바람에
뚝뚝 지는 잎새 잎새여!
황혼 물들인 구름아! 낙엽아!
돌아가리 돌아간다
낳고 길러준 고향으로 뿌리께로.

도라산역 기행에 앞서

분단을 보러 간다. 통일을 찾아 간다. 전쟁의 쓰라린 고픔과 아픔을 숨겨둔 역사의 현장. 도라산 역으로. 분단은 부정이다. 부정을 부정하는 것은 통일이다. 모순을 배태한 부정. 이 부정의 현재성을 알아내기 위해 통일로 향하는 우리의 염원을 안고 모순을 풀어헤칠 부정의 장소 도라산역을 찾아간다.

정지는 운동의 출발점. 운동은 발전이며 새로운 것의 창조를 낳는 원동력이다. 지나간 50여년 저쪽. 조국의 산하는 생명을 앗아간 처참과 통분으로 갈기갈기 찢기운 채 전쟁이라는 이름으로 내팽개쳐 있었다.

누가 누구를 위한 살상행위였고 어느 놈들의 탓으로 내 조국 허리 잘린 채 반세기가 넘도록 이렇게 누어있어야 했나. 이제 우리는 이 엄청난 부조리 앞에서 분노할 줄 아는 자신의 모습을 보러 간다. 분노를 딛고 정지를 추동하며 운동하러 간다.

단군의 후예 우리 배달민족은 언제나 평화애호민이었다. 불의 앞에 분노할 줄 알고 분노의 대상과 싸워 이길 줄 아는 억세고 강인한 민족이다. 침략을 받을 때마다 우리는 뭉쳤었다. 싸웠었다. 그리고 침략자를 몰아내고 승리자로 항상 살아왔다. 긴 역사의 궁극에서 본다면 일제의 만행에 시달렸던 36년 그리고 해방된 내 땅에 분단을 낳게 했고 이산의 아픔과 부추기는 전쟁의 공포 속에 살게 한 침략자와 함께 한 50여년은 찰나다.

한데, 우리가 겪으며 당하며 싸워야 할 현재도 매 시간마다 찔려오는 고통과 쓰라림으로 맵고 길기만 하다. 분단의 아픔 이산의 고통. 이 부정과 모순을 해결키 위해 우리는 일떠섰다. 달려간다. 앞당길 통일을 바라고.

"철마는 달리고 싶다."

도라산역. 종착역으로 강요당한 분단의 역사 속에서 출발을 예비했음직한 도라산역.

이제 도라산역 너는 우리들의 염원을 저버리지 말라.

부시와 같은 더럽힌 자의 발자국을 너의 깨끗한 몸에 찍지를 말라. 그리고 우리끼리 손에 손잡고 달려가자.

도라산역! 너는 엊그제 있었던 우리 민족의 하나된 성열의 함성을 들었지? 쇠붙이들이 벌벌 떨었고 음흉을 가리고 선량한 체 했던 가면을 벗겨버린 그 단합된 우리의 함성을…. 오! 필승 코리아! 왜 월드컵 뿐이랴 이제 단합된 민족의 정열을 조국 통일로 치닫게 하는 것이다. 신기루처럼 잠간 있다 스러지는 일시적 정열의 표출이 아니라 이 나라 통일이 될 때까지 깐지고 줄기차게 밀고 나가는 민족의 응축된 힘을 펼쳐 쓰는 것이다. 비록 고단함이 우리 앞에 놓여있을지라도 우리는 안다 고단함을 없이 한 자리에 환희에 찬 보람을 창가할 날이 있을 것이라는 걸.

  오늘 하루 출발에서 돌아올 때까지 모두가 서로 아끼고 챙겨주며 배우고 느끼며 옹골찬 하루를 만들 것을 부탁한다. 웃음 띤 얼굴로 우리 모두의 하루였었다고 자랑할 수 있길 바라면서.

전북민주동우회 25돌을 경하하며

의지의 결정체 전북민주동우회
이념과 행동 통일체 전북민주동우회
풍상 이겨내고 고난 짓밟으며
민주의 길 열어제꼈던
자랑찬 역전의 용사
함께 모인 화합의 장
넓히며 다지며 흘러 25년
전북민주동우회

4.19의 동지들이
5.18의 투사들이
6월항쟁의 역사들이
일월의 명암을 같이 했고
감옥의 고통을 함께 하며
주검을 딛고 넘어
반독재 반외세 투쟁의 선봉에서
성스러운 조국통일의 일선에서
민주언론 쟁취 현장에서
싸우며 승리했던

전북민주동우회

어젯날 투쟁의 역사
모양 달리하고 빛깔 색색이었어도
독특한 개성 펼치는 전략전술 달랐어도
시공을 달리하고
해내외 농촌과 도시 어느 곳에서도
길도 하나 뜻도 하나였던
전북민주동우회

불의가 있는 곳
정의가 짓밟힌 곳
최루탄의 매연이
쏟아내는 물대포가
파고드는 총탄이 기찼을지라도
맞받아 싸웠다.
그리고 이겼다 빛냈다.

동지들이여!
역전의 투사들이여!
호남벌 봄날의 아지랑이
모악산의 푸르름
황토현의 함성
죽창 끝에 나부끼는 집강소 깃발

녹두꽃 향기 맡으며
기운과 슬기
지혜와 기백 받고 길렀던
자랑찬 뿌리 전북
전북이 낳고 기른 투사들이여!
피끓는 정열로 뭉친 지성들이여!

올곧아 정의롭고
때없어 청순함이여
다진 뜻 매움 있어
곱고 아름다움 이어내리니
분단조국 하나로 묶어내리니
불의의 척결
민주화의 창달
이 미완의 과업에서
다시 현역으로 뛰리니
민족과 더불어
싸우는 후진들 받들어
조국 앞에 역사 앞에 영원하리니
그 이름 영예롭다
전북민주동우회

(2009년 4월 26일)

촛불로 찾아낼 민주주의

 총총이 빛을 쏟아내는 밤하늘의 별빛을 등대 삼아 유유도도하게 흐르는 은하. 어데가 처음이고 시작이며, 어데가 끝이고 종착일까. 이 은하의 흐름이, 시작도 끝도 분별 모르는 채 일렁인다. 흐른다. 정적을 깔고 주위를 밝히며 움직인다. 고요를 만들고 정적을 낳고 있는 이 도도한 정일의 정체는 무엇일까?
 지구의 숨결을 철석이는 파도라 했던가. 반도 조국 산하. 남녘의 서울. 서울의 한 중심을 관통하고 흐르는 촛불의 장강. 이 장강이 하늘 은하의 내림이며 우리 단군겨레의 숨결이지 싶다. 흐르는 강물은 부산, 광주, 대전, 전주로 이어 흐르고 솟구친 해일에 실어 제주까지 촛불의 강물은 흐르고 있다. 바다 넘어 미국의 도시와 거리 백악관 앞에서 유럽, 아시아 어데서고 우리 겨레가 사는 곳 머무는 처처에서 촛불은 타오르고 함성은 울려 하늘의 소리를 전해오고 있다.
 2008년 6월 10일 밤 열시. 내 조국 반도는 미국산 미친 쇠고기로 시작된 촛불 밝힘이 절정을 이루고 있다. 장관이다. 어데쯤이 지도부(지도부가 있기나 했는지 모르지만)고 어느 곳을 움직이고 있는 것인지

짐작도 못하겠다. 100만의 촛불이 밝혀지기까지 정권의 횡포는 얼마며 거짓과 기망, 강제와 폭행은 민심을 상처냈고 민원을 얼마나 앗아갔을까. 그래도 성낸 민의는 비폭력 평화를 외치며 모이고 흐른다.

평화적 시위, 촛불축제에서 호령반칙이 있었던가. 청각을 일깨워 듣는다. 정적 속에 일렁이며 흐르는 촛불이 강물인 줄로만 알았는데, 들린다, 하늘을 찌르는 소리.

"이명박은 물러가라…"

그렇다. 단군겨레의 외침의 소리가 촛불이 되었다. 일렁이는 촛불이 은하를 만들고 강물로 흐른다. 이 거대한 물결과 함성에 녹아 자자든 나의 실체. 이 실체의 존재가 감동으로 환희로 평강에 쌓여 스스로를 확인한다. 일체가 되어, 촛불집회 초기부터 개근하였을 법한 면면들을 뵈올 수 있었다.

군중 속에서, 관조자로서 고독을 만들며 여유를 부려보고 싶었는데…. 손을 잡고 뵙는 순간 전해오는 감정은, 사치스런 명상은 사고파는 시장통에서나 주어 담으란다. 지금 내 앞에 전개되는 촛불축제는 힘을 보태고 분발할 것을 추동한다. 맞다. 외치고 발을 구르며 피켓을 올렸다 내리는 반복된 일보다 값진 일이 있겠냐 싶다. 스스로의 존새를 확인하면시….

몇 분이 모이니 덩어리가 된다. 발디딜 틈 없을 듯한데 우리만의 공간을 만들었다. 앞과 옆에선 촛불의 행렬이 연신 흐르고 깃발은 나부끼고 구호는 발한다. 노래와 춤사위는 덩실댄다. 김봉진 박사의 선창이 터진다. 전민동 선생님들의 후창이 뒤따른다. 주위를 제압하면서,

'이명박은 물러가라! 이명박은 물러가라!'

정신이 난다. 분노를 표출하지 않고 감정을 억제하며 하나같이 흐르는 이 감동! 미친 쇠고기 너나 먹어라! 이 무게 실린 피켓 한 장 한 장은 미국을 향한 분노의 표출. OUT 이명박은 지금까지 그의 실정에 대한 응징. 모든 의미의 함축된 구호와 외침은 가슴 설레임이다. 나의 존재의 확인이다. 이 천심 속의 한 분자로서 자긍심이다. 현실 참여에 따른 양심의 발견이다. 그렇다. 심층에 침전된 의식의 분화는 자기 긍정임을 알았다. 장강대하는 종로의 큰 길을 메우고 충장로 고개를 넘는다. 거대한 은하는 지류를 만들며 마포와 한강을 건너고 여의도를 채울 것이다.

오라! 100만의 외침과 100만의 촛불이 의미를 알았거든 내 겨레의 가슴으로 내 민족의 품으로 돌아오라. 민족의 강물은 모든 것을 받아안고 무엇이나 용해해서 새로운 조국건설에 값진 자료로 만들어 쉼없이 흐를 것이다.

흐르다 다다른 곳 광화문 네거리. 흉물스런 거대한 구조물이 보인다. 쏠리는 은하를 담아보자고 흐르는 강물을 막아보자고 현대공법으로 급조된 '명박산

성'이란다. 재주도 좋고 기술도 뛰어나다. 콘테이너를 포개고 용접해 이어내어 12차선 넓은 길을 가로막았다. 가히 기네스북에 오를 기발한 착상이다.

오! 애재라 슬프도다! 명박산성아! 너의 탄생에서 생이 다하는 시각까지 너무 짧구나. 그래서 슬프다. 미친 쇠고기를 흥정하던 장관이란 자의 말.

"30개월이면 너무 짧지. 한 번 태어난 손데 한 10년은 살아야지."

생명에 대한 자비스러움의 발로? 서천 소가 웃을 일이다. 그러나 명박산성아! 내가 운세를 좀 본다만 너의 운명이 기구하다. 세종로 12차선을 지켜내고 경복궁 넘어 청와대를 애기 강보에 쌓듯 감쌀 수 있을까? 외로이 남다가 쓸쓸이 사라진 명박산성. 독재정권의 운명을 대신한 듯한 가련한 너의 마지막 가는 길에 조의를 표한다.

대결의 시대에 조종을 울리자. 화해와 협력, 민족우선, 외세의 간섭을 몰아내고 우리민족끼리 힘 합쳐 대동의 세상 만들어가자. 제국주의자들의 시장주의가 누구를 위한 것이며 미국의 이익이 곧 우리의 이익이 된다는 자들의 본성을 파헤쳐내자.

신자유주의자들의 망동에 돌을 던질 줄 알고 그들의 병든 민족의식에 힘께 아파할 줄 아는 우리가 아닌가. 우리는 안다, 촛불의 길을. 촛불은 이어 탈 것이다. 고집부리는 그들의 미망을 밝혀주고 탐욕과 어리

석음을 없이 할 때까지. 그리하여 촛불의 민주주의는 장엄한 내일을 약속하며 피워낼 것이다. 오늘도 내일도 민의는 천심을 담고 감동의 은하가 되고 장강이 되어 흐르며 몸사루어 밝힐 것이다.

(2008년 6월)

옥사한 친구 강석중 동지

눈빛만 봐도
무엇을 뜻하는지 서로 알고
속내 다독여 깊이 간직한 것도
풀어내지 않아도 설명이 없어도
고요히 흐르는 깊은 뜻 알아
이심전심
뜻을 일으켜 실천 함께 하니 동지.

하나의 뜻으로 통하기까지
풀풀 품기는 고약한 냄새 걷어내고
정화수로 만들어내기까지
한 백년 구도의 길의 여정
우린 하룻밤에 빚어낸 마음의 대도
고요한 침묵속 눈빛은
여기 조국의 해방
여기 조국의 통일
동지로 영원하리니
그대는 부활했어라.

세월을 씹으며 전사의 힘 다하며
 - 김영식 선생의 생신을 축하하며

태양을 우러러 조국을 우러러
한생을 살았다 살고 있다
조국의 이방지대 남녘의 질곡
휘몰아치는 설한풍 속에서도
꾸겨질세라 마음살 펴가며
웃음살 너털이며 살았노라
혁명적 낙관 내일은 밝아옴을 믿기에

어깨띠 메시고 대중이 있는 곳 찾아
통일해서 평화롭게
화합해 정 넘치게
양키 몰아내고 우리 민족끼리
쉼없이 끊임없이
선전선동 일꾼답게
혁명의 전사답게
분단조국 하나 될 때까지
한 목숨 다할 때까지
일하며 싸우며 기쁘게 사시겠노라, 신
코쟁이 승냥이질 그 주구들의 망동

수명 다한 고것들 얼마나 갈라고
부지런 사서 통일조국 건설하면
무슨 여한 있으리까, 라시던
어머니당도 고향도 지탱해준 기둥이었고
민가협 어머님들 함께 한 동지들
이끌어준 힘이었고 지혜였다시던
정다운 이웃 잊을 수 없는 분분들께
항상 고맙다시던, 그래서 열심히 살겠노라시던
우리의 스승이시요 귀감이신 김영식 선생님
생신을 축하합니다.

늘샘에게

 청량감 안고 다가오신 당신께 익어가는 벼이삭으로 그대를 맞습니다.
 마음 베푼다는 것, 품위있고 여유롭게 삶을 가꾸고 꾸릴 수 있다는 것. 누구나 꿈꾸어 바라는 것이지만 때론 짜증나고 힘든 것인데도 당신께선….
 늘샘 당신은 우리만의 생활을 시작할 때부터 감동 주고 고마움 길러주면서 우리만의 일상을 꾸려주셨습니다. 늘 새로움인데도 항상 변화 속에 있으면서도 의당 그런 것이려니, 부부의 유별함이 이런 것인가 보다 이렇게 여기면서 지내온 어젯날.
 나태도 방관도 무심도 오만도 아닙니다. 감성의 무디어짐도 아닙니다. 속으로 채곡이 쌓안고 다져온 기쁨이요 고마움이었습니다.
 늘샘! 손 크고 마음 큰 당신은 작은 것에도 세심했고 자상함을 잃지 않았습니다. 당신의 언행은 이상과 현실의 일치에서 벗어남 없는 모범이었습니다.
 늘샘! 며칠 앞서 태어난 동료를 두고 세대차가 난다며 함께 놀아줄 것을 거부하는 요즘 사람들의 현상작태라는데. 늘샘, 당신의 티내지 않는 배려와 보살펴

주심은 나의 행보와 사색의 영역을 넓혀주었고, 이에 따른 생활의 편이 도모케 해주심이 심신 윤택으로 채워집니다.

  시댁 식구들에게 기우려 성의 베푸시고 예의 다 함이 조선시대의 여인이신가 여겨집니다. 행동도 생각도 어긋나 짜임없는 나에게 그토록 마음 써 바르게 인도해주시니 오늘 당신의 반려로서 기쁨이요 자랑입니다. 당신의 세계관이 역사발전의 법칙을 언행에 실천자로 뚜렷함이랴 내일의 지향의 길 밝히는데 나의 지도적 지침이 되고 있습니다. 고맙습니다.

  늘샘! 지금까지 그러했듯 맞을 내일도 부탁드립니다. 함께 하는 나날의 엮어짐에 빛을 더하고 보람을 더할 수 있게…. 서로를 격려하고 서로를 이끄는 생산적인 삶이 되도록 노력해요. 늘샘. 당신의 힘을 믿습니다. 또 다른 당신의 에너지 분출이 새로운 도약을 보여줄 것을 믿습니다.

  우리의 희망을 지켜보면서, 이번의 다짐은 내 스스로 약속이며 늘샘에게 드리는 언약입니다. 구체성을 다독이고 너울이는 마음만을 펼쳐 본 것입니다만 당신께 향한 진하디 진한 사랑입니다.

  늘샘! 당신의 순낭(春塘)이.

조국

낳고 자란 고향이 있고
배우고 뜻 펼친 사회가 있고
나가고자 하는 길 티워준 국가가 있다.
나에게 조국이란
일본제국주의 식민치하에서
민족말살교육을 받았고
미제 점령하에서 물신사상을
분단된 땅에서 쓰라린 애국을 익혔고
남북을 넘나들며 민족을, 조국을 알았다.
차별이 있되 화합할 수 있다는 것
이념과 사상은 모든 것 추동하는 근원
대동의 마당에선 모든 것 아우르는
남도 북도 나의 조국
북도 남도 나의 민족 나의 조국
융합의 조국, 통일의 나의 조국이여!

21세기의 사상

개인과 사회, 국가와 세계를 포괄
언행에서 곱고 생산에서 협력
서로를 아끼고 도우며
분배에서 소비까지
나누는 기쁨 높이고 넓혀
민주평화가 충만한 그런 것 이루기 위해
생각하고 이념화해 실천할 지식을
체계화해 정연히 해논
개인 사회 국가 세계가 갖게 될
지도적 지침이 아닐까.
왜곡하지 말라.
사상은 언제나 사회성을 띠며 변화한다.
변화하면서 항상 아름답게
어둠을 밝히는 횃불일지니.

지은이 : **양희철**

1934년 전북 장수 출생. 고려대 상대를 졸업하고, 한국은행에 근무 중 '고려대학교 지하당 사건'으로 37년간 옥살이. 현재 양지탕제원 운영. 저서 《자유의 시 저항의 노래》.

비전향장기수의 염원(念願)

지은이 : 양희철
펴낸이 : 김봉진
펴낸날 : 2017년 4월 20일
펴낸곳 : 도서출판 비움과 채움
　　　　㉾06753 서울시 서초구 강남대로 25길 15,
　　　　　　동인빌딩 302호
　　　　전화 02)999-0053 전송 02)998-3622
　　　　전자주소 ranto@hanmail.net
　　　　ISBN 978-89-93104-40-0 03810
ⓒ 양희철. 2017
　　　　　　　　　　　　　　값 10,000원